Sufismus
und
Mystik in der
Seelsorge

Muslimische Seelsorge

© 2024 Zeynel Abidin Zorbulut
Herstellung und Verlag: BoD – Books on Demand,
Norderstedt
ISBN: 9783758305597

Inhaltsverzeichnis

Vorwort

Die vorliegende überarbeitete Masterarbeit behandelt die Fragestellung „*Welche Rolle spielt der Sufismus und Mystik in der muslimischen Seelsorge? Wie kann Sufismus und Mystik die heutige muslimische Seelsorge bereichern? Welche Methoden und Mittel des Sufismus und der Mystik können alltagstauglich in der Seelsorge angewandt werden?*"

Während meiner gesamten Ausbildung, Studienzeit und Tätigkeit beschäftigte mich immer wieder die Frage, wie man Gefangenen und Kranken in ihrer Extremsituation helfen kann, damit sie schneller in ihr altes Leben zurückfinden können. Vorallem die Resozialisierung der Gefangenen ist ein schwerwiegendes Problem der heutigen Gesellschaft. Werte und Spiritualität spielen hierbei eine große Rolle die oft verkannt wird und zu sehr in den Hintergrund geschoben wird. Die tägliche Rutine in den Krankenhäusern wie auch Gefängnissen lässt alles Spirituelle als unwichtig ansehen. Doch ist es für die Hilfesuchenden oft der einzige Weg aus ihrer selbstgeflochtenen Isolation herauszukommen. Dies alles bewegte mich diese Arbeit zu verfassen.

Ich möchte meinem Betreuer und Betreuerin für die Klärung aller Fragen danken. Im Weiteren möchte ich mich ganz herzlich bei meiner Familie bedanken, die mich in dieser Zeit stark unterstützt haben. Ohne sie wäre das Ergebnis in der Form nicht möglich gewesen.

Ich wünsche Ihnen viel Spaß beim Lesen dieser Masterarbeit.

Zeynel Abidin Zorbulut
Tübingen, 18. Juni 2022

I looked in Tempels, Churches and
Mosques,
But I found the Divine within my heart...

Ich habe in Tempeln, Kirchen und Moscheen
nachgesehen,
Aber ich habe das Göttliche **in meinem
Herzen** gefunden...

Mevlana Dschelaleddin Rumi

Sufismus und Mystik in der Seelsorge

Sufismus und Mystik in der muslimischen Seelsorge

Zeynel Abidin Zorbulut

ISLAMISCHER THEOLOGE

Einleitung

„Heute ist Sufismus ein Name ohne Wirklichkeit; in der Vergangenheit war er eine Wirklichkeit ohne Namen."[1]

Diese Feststellung von Al Hujwiri kann ich bestätigen, denn ich glaube nicht, dass der Sufismus heutzutage richtig verstanden wird. In der heutigen Lebensweise kann man vielmehr eine Distanzierung vom Sufismus beobachten. Dies liegt hauptsächlich daran, dass die vorhandenen „Sufiorden" oder Institutionen keine alltagstaugliche und zeitgerechte Form entwickeln konnten. Vieles verändert sich in unglaublicher Schnelligkeit und so manches, auch im Sufismus, muss dieser Veränderung angepasst werden. Dies ist selbstverständlich ein umfangreiches Thema für sich, das mit seinen Indikatoren und Gründen auch in der akademischen Welt in Zusammenarbeit mit den Sufimeistern tiefgründig erörtert, erforscht und bewertet werden muss.

Die in den letzten Jahrhunderten in der sufistischen Welt aufgetretenen negativen Erscheinungen haben dem großen Vermächtnis und der reichen Quelle des Sufismus schwer geschadet und diesen überschattet. Ziel meiner Arbeit ist es zwar nicht, den Sufismus mit all seiner Komplexität zu erklären. Vielmehr möchte ich nämlich die analytischen Denkweisen und Techniken des Sufismus im Lichte der Seelsorge neu bewerten und die Einsatzmöglichkeiten hervorheben. Mit all seinen Bestandteilen ist der Sufismus in der praktischen Seelsorge eine wunderbare, heilsame, bewährte und effiziente Methode, mithin eine Bereicherung für die muslimische Seelsorge. Deshalb möchte ich mit Beispielen aus der Praxis die

---

[1] Al-Hujwiri, *Kashf al-mahjub,* 2000, S. 44.

Wirkung der sufistischen Hilfsmittel und Komponenten in der Seelsorgearbeit erörtern.

Bevor ich mein Masterstudium begonnen habe, war ich bereits aktiv als Seelsorger in Kliniken und Justizvollzugsanstalten (JVAs) tätig. Meine Ausbildung zum muslimischen Seelsorger[2] habe ich beim Mannheimer Institut[3] abgeschlossen. Im Jahre 2015 habe ich die Grundausbildung und im Jahre 2017 die Zusatzausbildung zum Gefangenenseelsorger absolviert. Anschließend habe ich an dem Masterstudiengang an der Universität Tübingen "Praktische islamische Theologie für „Seelsorge" und „Soziale Arbeit" teilgenommen, um zusätzlich akademische und wissenschaftliche Erfahrung in diesem Bereich zu sammeln.

Im Rahmen der Spirituell-Care Fortbildung, welche ich auch am Mannheimer Institut abgeschlossen habe, stieß ich auf die sufistische Denkweise und die Möglichkeiten, die hieraus entstehen. In den praktischen Modulen der Ausbildung habe ich selbst die Gelegenheit gehabt, festzustellen, wie effektiv die Sufi Geschichten und viele andere Bestandteile des Sufismus in der Seelsorge eingesetzt werden können.

In meiner Tätigkeit in der Klinik, der JVA und in der Psychiatrie habe ich sehr erfreuliche Erfahrungen mit genau diesen Elementen machen können. Deshalb möchte ich mit dieser Arbeit den Wert der sufistischen Hilfsmittel in der Seelsorge und die Lösungen, die es den Herzen, den Seelen und Gefühlen der Betroffenen öffnet, erörtern. Der Sufismus bietet uns eine Vielzahl an Auswegmöglichkeiten, die zur medizinischen Indikation oder strafrechtlichen Maßnahme, wie ein Rezept verschrieben und eingesetzt werden können.

---

[2] Im Folgenden wird aus Gründen der besseren Lesbarkeit, ausschließlich die männliche Form benutzt. Es können dabei aber sowohl männliche als auch weibliche Personen gemeint sein.
[3] https://mannheimer-institut.de/portfolio-item/islamische-seelsorge/

Hierbei möchte ich vermerken, dass meine Masterarbeit zwar eine wissenschaftliche Arbeit ist, die auf Grundlagen der akademischen Nachweisbarkeit besteht und in ihrer Formulierung auch nüchtern und faktisch sein sollte. Doch ist der Sufismus eine sehr gefühlsbetonte, in ihren Beschreibungen sehr poesiereich beschriebener Bereich. Dies spiegelt sich auch in meiner Arbeit wider.

Obwohl sehr viele Informationen bezüglich der sufistischen Geschichte, Praxis, Methodik und des Aufbaus vorliegen, wird dieses "spezielle Wissen" leider viel zu unzureichend ausgeschöpft und genutzt.

Den Ursprung und die Gründe für dieses Problem muss man in der Geschichte des Sufismus suchen. Der Sufismus birgt in Glaubensfragen im Islam bestätigende, stützende und erklärende Sichtweisen und gilt deshalb als eine privilegierte Ebene. Auch wenn es nicht jeden anspricht, ist sie für eine Vielzahl an Menschen ein spirituelles Lebenselixier, dass seine Quelle im Tawhidbrunnen[4] hat.

Wenn ich gefragt werde, was Seelsorge im Eigentlichen ist, antworte ich: „Einer verletzten Seele das Gefühl zu geben, das wir voll und ganz mit unserem ganzen Wesen für ihn/sie da sind." Für einen Patienten, der seine Gesundheit verloren hat, einen Gefangenen, der im Gefängnis seiner Freiheit beraubt wurde, vor und nach dem Friedhof den Menschen,

---

[4] Tawhid wörtlich „Einheit [Gottes]" ist das Konzept des Monotheismus im Islam. *Tawhid* ist das zentrale und wichtigste Konzept der Religion, auf dem die gesamte religiöse Zugehörigkeit eines Muslims beruht. Es besagt eindeutig, dass Gott unteilbar eins (*ahad*) und einzig (*wahid*) ist. *Tawhid* ist der wichtigste Artikel des muslimischen Unterwerfungsbekenntnisses. Der erste Teil des islamischen Glaubensbekenntnisses (*Shahada*) ist das Bekenntnis zum Glauben an die Einheit Gottes. Irgendetwas oder irgendjemandem Göttlichkeit zuzuschreiben gilt als *Schirk* – eine unverzeihliche Sünde gemäß dem Koran, sofern man sie nicht später bereut. Muslime glauben, dass die gesamte islamische Lehre auf dem Prinzip des *Tawhid* beruht.

die ihre Angehörigen verloren haben, da zu sein, diese aufzufangen und Diesen spirituelle Unterstützung zukommen zu lassen, das ist Seelsorge. Die Spiritualität des Sufismus stellt genau hier wirksame spirituelle Lösungen zur Verfügung, die unterstützend zu den Behandlungs-methoden mitwirken kann. Die Methoden der Sufis verschaffen dem Seelsorger eine Fülle von Werkzeugen, die ihn, wie zu einer wandelnden Klinik ausstatten.

Ich möchte darauf hinweisen, dass meine Arbeit nicht dazu dienen soll, den Sufismus zu erklären. Die Arbeit soll vielmehr dazu dienen, die vielzähligen Einsatzmöglichkeiten zu erkennen. Dies wiederum ist nur möglich, wenn man den Sufismus richtig versteht. Deshalb habe ich meine Arbeit auch mit der Frage formuliert: „Welche Rolle spielt der Sufismus in der muslimischen Seelsorge? „Wie kann Sufismus die heutige Seelsorge bereichern und welche Methoden und Mittel des Sufismus können alltagstauglich angewendet werden?"

Dies sind Punkte, die ich in der der Praxis in meiner Seelsorgetätigkeit genutzt, eingesetzt und mit denen ich Erfahrungen gesammelt habe. Der Sufismus, aber auch die Mystik beinhalten viele effektive Werkzeuge, Methoden und Möglichkeiten, die die muslimischen Seelsorger in ihren spirituellen Beratungs- und Betreuungsdiensten nutzen können. Als jemand, der aktiv Seelsorgedienste in verschiedenen Institutionen durchführt, möchte ich mit ausdrücken, dass Sie ein von weltlicher Beschäftigung und Sorgen müdes und geplagtes Herz wieder zum Leben erwecken können, indem Sie es mit den Ratschlägen und Heilmitteln des Sufismus wiederbeleben.

In den modernen Krankenhäusern, Pflegeheimen, Reha-Zentren, Gefängnissen und Psychiatrien werden den Menschen heutzutage vielseitige Behandlungen, Pflege- und Wiedereingliederungsmöglichkeiten, also Re-

sozialisierungsmöglichkeiten, angeboten. Doch die materielle und kör-
perliche Genesung kann nur mit einer gleichzeitigen seelischen Genesung einhergehen. Die Praxis hat mir gezeigt, dass der Sufismus diesen
Menschen ein Balsam für ihre Wunden ist. Ich beabsichtige der Seelsorgearbeit aus einer anderen Perspektive Bedeutung zu geben, indem ich
die Wirksamkeit der sufistischen Bestandteile im Einsatz vorstelle.

Ich möchte nun nach dieser kurzen Einleitung zuerst kurz auf den Sufismus mit seiner Definition eingehen und dann den Vergleich zur Mystik
aufstellen. Im dritten Teil soll auf die geschichtliche Entwicklung, die Ziele
und Methoden des Sufismus eingegangen werden. Der vierte Teil erklärt
kurz die allgemeine Seelsorge und geht dann ein, auf die muslimische
Seelsorge und ihrer Entwicklung in Deutschland aber speziell in Baden-
Württemberg. Im 5. und letzten Kapitel möchte ich mich dann auf das
eigentliche Thema fokussieren, nämlich wie der Sufismus, mit seinen traditionellen, bewährten Methoden in der heutigen muslimischen Seelsorge Arbeit integriert werden kann. Dies möchte ich aus der Praxis, mit
Beispielen aus Krankenhaus, Justizvollzugsanstalt und Psychiatrie erklären.

Das folgende Kapitel beinhaltet demnach die Erklärung des Sufismus und
der Mystik mit ihren konzeptuellen Identitäten in Übereinstimmung mit
ihren eigenen kulturellen Codes und was für eine Vielfalt und Bereicherung in ihr besteht.

1. Die Begrifflichkeit des Sufismus und der Mystik

"Mystik" ist ein Begriff, dem man in der westlichen Literatur oft begegnet. Es ist zu vermerken, dass der Begriff „Mystik" oft synonym mit dem Sufismus verwendet wird. Fast alle berühmten Orientalisten gleichen beide Begriffe an, obwohl sie von der Quelle und Kultur aus ganz anderen Bereichen entspringen und unterschiedliche Kulturen widerspiegeln. Dieses Angleichen vermittelt die Schlussfolgerung, als ob beides gleich wäre. Deshalb ist es wichtig zunächst diese Begriffe zu definieren. Denn nur wenn beide richtig verstanden werden, können sie auch adäquat angewendet werden. Die korrekte Verwendung und das richtige Verständnis des Sufismus im Kontext unseres Themas ist ausschlag-gebend zur Klärung seines konzeptionellen Rahmens und Inhalts. Ich möchte deshalb zuerst beide Begriffe mit ihrer etymologischen Herkunft erfassen und erörtern, um ihre Gemeinsamkeiten wie auch Unterschiede wissenschaftlich klarzustellen. Darüber hinaus möchte ich darauf hinweisen, dass Sufismus und Mystik zwar inhaltlich ähnlich sind, aber eigentlich die Definitionen zweier getrennter Formationen mit unterschiedlichen Ursprüngen und Kulturen sind.

Die richtige Verwendung der Begriffe und das richtige Bewusstsein dazu, verstärken diese in der Wirkung der muslimischen Seelsorge. Die Klärung der semantischen Grenzen dieser beiden Begriffe ist für meine Arbeit durchaus von Bedeutung.

Der islamische Sufismus wie auch die östliche und westliche Mystik stellen mit ihren spirituellen Erweiterungen ein ähnliches Format dar. Die Wirksamkeit beider Strömungen in der spirituellen Dimension sprechen tatsächlich die Bedürfnisse menschlicher Seelen und Emotionen an. Sufismus wie auch Mystik bringen Reichtum in das Leben der Menschen durch ihre harmonischen Farben und Tiefen. Das Problem liegt also nicht in der Interaktion von Mystik und Sufismus, sondern tatsächlich in der Verwechslung der Begriffe und der Grenzen. Mevlana Dschelaleddin Rumi[5] drückt das mögliche Ausmaß dieser Interaktion mit dem Gleichnis des Zirkels aus:

„Unter der Voraussetzung, mit einem Bein in der Scharia[6] fest verankert zu sein, wandle ich mit dem anderen Bein, wie ein Zirkel in allen Welten und allen Völkern"[7]

Aus oben erwähnten Gründen übersteigt eine ausführliche Analyse des Begriffes *„Sufismus"* und *„Mystik"* unter Berücksichtigung ihrer Auslegungen und Umsetzungen in verschiedenen kulturhistorischen Kontexten und spirituellen Systemen den Rahmen dieser Arbeit. Daher beschränke ich mich bei den nächsten Kapiteln auf eine zielführende allgemeine Begriffserklärung.

---

[5] Mevlana Dschelaleddin Rumi (1207-1273) ist der bedeutendste und bekannteste islamische Sufimeister und der Begründer des Mevlevi Sufi Ordens und Verfasser der Mesnevi.
[6] Die Scharia, das islamische Gesetz, beschreibt „die Gesamtheit aller religiösen und rechtlichen Normen, Mechanismen zur Normfindung und Interpretationsvorschriften des Islam". Ein einziger Gott *(Allah)* gilt in diesem Rechtssystem als der oberste Gesetzgeber. Sein Gesetz sei Grundlage der göttlichen Offenbarung im Koran. Bei der Scharia handele es sich allerdings nicht um ein kodifiziertes, unveränderliches Rechtssystem, sondern um „ein Regelwerk, welches sich stets im Wandel befindet". Scharia lasse sich deshalb nur verstehen, wenn man die „Rechtsquellen- und Rechtsfindungslehre" *(uṣūl al-fiqh)* statt „inhaltliche[r] Einzelregelungen" betrachtet.
[7] Tahir Büyükkörükçü, *Mevlâna ve Mesnevi,* Bedir Verlag, Istanbul 1983, S. 62 [übersetzt vom Verfasser].

1.1 Der Sufismus

Raid Al-Daghistani betrachtet etymologisch den Begriff *„Sufismus"* von unterschiedlichen Wurzeln:

> *1. Sufismus (arab. taṣawwuf) kommt von ṣūf, was auf Arabisch „Wolle" bedeutet. Taṣawwafa heißt somit „sich dem Sufismus widmen" bzw. „sich in Wolle kleiden".*

> *2. Sufismus stammt aus safā, was auf Arabisch „Reinheit" bedeutet. Demnach sind Sufis diejenigen, die „reinen Herzens" sind.*

> *3. Sufismus kommt aus dem Wort ṣaff, das auf Arabisch „Reihe" bedeutet. Die Sufis sind diejenigen, die mit ihren Herzen in der ersten Reihe stehen (aṣ-ṣaffal- awwal), insofern sie bei Gott gegenwärtig sind.*

> *4. Sufismus wird aus dem Wort ṣuffa abgeleitet, das diejenigen bezeichnet, die zu aṣhab aṣ-ṣuffa gehören. Mit aṣhab aṣ-ṣuffa ist eine Gruppe der Gefährten des Propheten Mohammeds (Friede sei auf ihm) gemeint, die in Armut in einer Moschee lebten und sich intensiv dem Beten und Gottgedenken widmeten.*[8]

Sufismus ist von seinem konzeptionellen Ursprung her die Bezeichnung eines Prozesses, der mit einem geneigten und willigen Diener beginnt, der bereit ist sich mit einem festen Weg/Sufi-Orden (Tariqat) zu verbinden, durch den er die Religion des Islam im Wesentlichen praktisch lernen kann. Es bedeutet also, dass man sich - begleitet von einem Muršhīd

---

[8] Raid Al-Daghistani, *Epistemologie des Herzens: Erkenntnisaspekte der islamischen Mystik*, Köln 2017, S. 16.

(Sufimeister)[9] oder einem perfekten Führer (Begleiter)- auf das bewusste Leben nach dem Tod vorbereitet, indem man die Welt, das Leben, das Dasein und die Religion richtig wahrnimmt. Aus diesem Ansatz geht hervor, dass das primäre Ziel der Religion der Glaube ist. Der Ort des Glaubens ist im Herzen. Der Hauptzweck des Sufismus ist es, tiefes Glaubenswissen zu erlangen. Indem das Herz im Gleichgewicht mit dem Koran und der Sunna[10] reingehalten wird und man Schritt für Schritt Allah (Gott) kennenlernt. Dadurch steigert und erhebt man sich zur Position eines perfekten Menschen (Insan-i Kamil). Um dieses erhabene Ziel zu erreichen, bietet der Sufismus verschiedene Methoden und Wege, die das Herz arbeiten und sich entwickeln lässt. Mit einem nüchternen und aufgeweckten Geist und spirituell geschärften Emotionen segelt man unter dem Banner der göttlichen Namen und der Eigenschaften Gottes, zu Dimensionen voller Geheimnisse und Enthüllungen. Je länger und intensiver diese Reise andauert, umso mehr nähert der Reisende sich den Buchten der Wahrheit. Die Wahrheiten, die nichts anderes sind als das reine, klare und transzendente (übersinnliche) Wissen Allahs, das auch die Grenzen des Selbst im Licht des Korans und der Sunna erleuchtet. Mit anderen Worten, durch das Erreichen des Ihsan Bewusstseins (die Gewissheit und das Bewusstsein, dass Allah uns jeden Moment sieht) erlebt der Diener auf der Ebene des „haqq al-yaqin" (der Wahrheit der Gewissheit)[11] das, was die von Allah im Koran beschriebene Verantwortung der

---

[9] Der Sheikh (Muršĥīd) ist ein reifes menschliches Wesen (Insan-i-Kamil) welches den Pfad der Vervollkommnung gegangen ist und dazu qualifiziert ist, einen Derwisch (Murid) auf dem Pfad zu führen. https://www.rifai.org/sufism/deutsch/die-reise-des-sufi/der-sheikh-murshid/

[10] Mit Koran ist Allah's Botschaft und mit Sunna sind die Taten des Propheten gemeint.

[11] Gewissheit [yaqin] ist ein Begriff aus dem Heiligen Quran und wird in der Regel mit "Gewissheit" oder "fester Überzeugung" übersetzt (z.B. in 15:99). Damit ist eine unerschütterliche Überzeugung gemeint, die sowohl Kleinigkeiten des Lebens betreffen können (z.B. ob etwas rituell rein ist oder nicht) bis hin zum eigentlichen Glauben. In der Mystik [Tasawwuf] werden drei Stufen der Gewissheit unterteilt.

    (1) Ilm al-Yaqin (das Wissen der Gewissheit): Die Gewissheit beruht ausschließlich auf Wissen. Der Begriff wird erwähnt im Heiligen Quran: (102:5).

Dienerschaft ist und bewahrt dies in seinem Herzen mit seiner ganzen Lebendigkeit.

Der Sufismus wird oft auch die Wissenschaft des Herzens genannt, so wie auch Raid Al-Daghistani in seinem Werk Epistemologie des Herzens beschreibt:

> *„[...] Der Sufismus als die Wissenschaft vom Inneren befasst sich mit den ‚inneren Handlungen' des spirituellen Weges, [d. h. mit den inneren Stationen und Zuständen]. Die inneren Handlungen sind gleichsam die Handlungen des Herzens."*[12]

Was genau mit inneren Handlungen gemeint ist, erklärt Raid Al-Daghistani durch die Aussagen von As-Sarrāğ vertiefend noch wie folgt:

> *„Wenn wir Wissenschaft des Inneren sagen, meinen wir damit die Wissenschaft von den inneren Handlungen, die das innere Organ betreffen, nämlich das Herz." Die inneren Handlungen sind: der Glaube, die Reue, die Gewissheit, die Ehrlichkeit, die Aufrichtigkeit, die Geduld, das Gedenken, die Achtsamkeit, die Ehrfurcht, die Sehnsucht, die Ekstase, die Verherrlichung, die Überwältigung, die Erkenntnis und die Liebe. Doch die inneren Handlungen sind mit den*

---

(2) Ayn al-Yaqin (das Auge der Gewissheit): Hierbei ist die eigene Wahrnehmung ein Zusatzkriterium für das bestehende Wissen. Der Begriff wird erwähnt im Heiligen Quran: (102:7).

(3) Haqq al-Yaqin (die Wahrheit der Gewissheit): Das gesamte Weltbild ist ganzheitlich einheitlich verinnerlicht, so dass zusätzlich zu dem Wissen und der Wahrnehmung auch die Inspiration verstärkend wirkt. Der Begriff wird erwähnt im Heiligen Quran: (69:51 und 56:95). Mit der Gewissheit einher geht eine intensive Gottesehrfurcht [taqwa] mit der beständigen Annäherung an AL-LAH. Gewissheit ist ein dynamischer Prozess der Entwicklung zum vollkommenen Menschen [al-Insan al-Kamil]. Die Gewissheit [yaqin] wird durch Sünden geschwächt und kann im Extremfall auch verloren gehen.
http://www.eslam.de/begriffe/g/gewissheit.htm

[12] Der vorliegende Aufsatz ist eine bearbeitete Fassung und Neukomposition einiger Textauszüge des von dem gleichen Verfasser veröffentlichten Werkes Epistemologie des Herzens: Erkenntnisaspekte der islamischen Mystik (Köln, 2017); https://www.academia.edu/41105024/Al_Daghistani_R_2019_Islamische_Mystik_Sufis-mus_als_Weg_Wissen_und_Weisheit (letzter Aufruf von 02.04.2022) m.w.N.

äußeren Taten verbunden. So hebt as-Sarrāǧ hervor: „Das Äußere kann nicht ohne das Innere sein, das Innere nicht ohne das Äußere."[13]

Außerdem hebt Daghistani noch die Sichtweise von al-Ġazālī hervor, der sagt das:

„[...] Erfolg und Heil nicht anders zu erreichen sind, als durch Wissen und Handeln gemeinsam."[14]

Es geht im Sufismus also nicht nur um die strikte Befolgung bestimmter Regeln, sondern um die Verinnerlichung bestimmter Charakterzüge, die durch wiederholte Übungen anzueignen sind. Hierbei sind die reine Absicht und das wahre Wissen unzertrennliche Instrumente, um zum vollkommenen Menschen zu werden. Alle Maqamat (Stufen) und Ahwal (Stimmungen) sind nur Stufen, um zum eigentlichen Ziel der Vervollkommnung zu gelangen. Diesen Wandel von Stufe zu Stufe, von Stimmung zu Stimmung beschreibt Daghistani in seinem Werk mit diesen Worten:

„Das Innere und das Äußere sind im Sufismus zwei untrennbare Dimensionen. Die Verwandlung der persönlichen Eigenschaften und die Verbesserung der Handlungsweisen können nur durch wahres Wissen, innere Erfahrung und reine Absicht der Handlung erlangt werden. [...] Der Sufismus als Weg (ṭarīqa) der Erkenntnis und der spirituellen Vervollkommnung des Menschen ist ein initiatischer Weg (bzw. Initiationsweg) mit zahlreichen geistigen Stationen (maqāmāt) und Zuständen (aḥwāl). Die muslimischen Mystiker entwickelten hierfür verschiedene spirituelle Techniken, die dem Suchenden auf seinem mystischen Weg helfen, die höheren geistigen

---

[13] Ebd.,[16] m.w.N.
[14] Ebd.,[16] m.w.N.

Stufen[15] zu erlangen. Indem der Mensch von einer spirituellen Station (maqām) zur anderen gelangt, wandelt er auch durch verschiedene innere Zustände (aḥwāl). Jede geistige Station wird von einem bestimmten seelischen Zustand begleitet, der als religiöses Gefühl und existenzielle Stimmung verstanden werden kann. Die geistigen Stationen sind die erreichten Stufen auf dem mystischen Weg. Die seelischen Zustände sind dagegen Stimmungen, Gefühle, innere Einstellungen und Erlebnisse, die die Stufen begleiten."[16]

Diese Anwendungen und Erfahrungen sind jedoch bewusst auf ein einziges Ergebnis auf dem Weg des Sufismus ausgerichtet, nämlich das Verständnis der transzendenten Wahrheiten, deren Rahmen im Koran und in der Sunna festgelegt sind. Bediuzzaman Said Nursi erzählt und beschreibt diesen Ansatz im Sufismus mit dem Ausdruck von Imam Rabbani, einem der berühmten Sufi-Meister, in seinem Werk „Die Briefe":

„[...] Imam-i Rabbani (r.a),[17] der Held und die Sonne des Silsile-i Nakshi (Nakschibend[18] Kette), sagte in seinem Brief: „Das letztendliche Ziel aller sufistischen Orden, ist die Klarheit und Entwicklung des wahren Glaubens." Er sagte auch: "Ich ziehe die Entwicklung, Vertiefung und Enthüllung einer Angelegenheit des Glaubens zu

---

[15] Wie z.B.: Gottgedenken, Verzichtsübung, Kontemplation, innerer Kampf, Achtsamkeitstraining, Introspektion, Dienstbarkeit den Anderen, sowie religiöser Gesang und Koranrezitation.

[16] Vgl. https://www.academia.edu/41105024/Al_Daghistani_R_2019_Islamische_Mystik_Sufismus_als_Weg_Wissen_und_Weisheit (letzter Aufruf von 16.05.2022). Mehr dazu siehe Raid Al-Daghistani, *Epistemologie des Herzens: Erkenntnisaspekte der islamischen Mystik*, Köln 2017, S. 26-32.

[17] Imam Rabbani: 1564-1624 Sufimeister und Autor des Werkes „Mektubat" (die Briefe). Vgl. https://islamansiklopedisi.org.tr/imam-i-rabbani Außerdem die Abkürzung in der Klammer (r.a.) hat die Bedeutung „Möge Allah mit ihm zufrieden sein".

[18] Nakshibend: eine der weit verbreiteten Sufi Orden. Benannt nach Baha-du-Din Nakschibend (1318-1389).

Tausenden dem mystischen Schmecken, der Ekstase und Karā-māts[19] vor."[20]

Angesichts all dieser Erklärungen kann gesagt werden, dass der Sufismus eine Einzigartigkeit (sui generis/einzigartig in seinen Eigenschaften, von einer eigenen Kunst) in Bezug auf Bedeutung und Verwendung hat. Prof. Dr. Mustafa Tahralı zitiert diese Erkenntnisse von René Guénon in einem Artikel zu diesem Thema in einem Artikel in der Kubbealtı Akademi:

„[...] Renè Guénon[21] sagt: Dass der Sufismus eine praktizierte aktive Methode hat, dass sie unter Führung und Leitung eines Sheikh/ Muršhīd steht, dass die Linie aller Führenden Muršhīd bis zum Propheten reichen, dass der mystische Weg (tariqa), den die Person betritt, seinem Verständnisniveau, seinem Empfinden entspricht, dass Regeln, Voraussetzungen und Dhikr vorhanden sind. All das zeigt uns, dass der Sufismus sich völlig von der Mystik unterscheidet und eine ganz andere Lebensart darstellt.[22]

Das Phänomen des Sufismus gibt jedem, der die Fähigkeit und Ausrüstung von Natur aus hat, die Möglichkeit, über transdimensionale Kanäle göttliche Kenntnis (Ma`rifa)[23] zu erlangen. Vor allem ist Mystik ein magischer Hafen, um aus dem Traum im weltlichen Leben zu erwachen, indem man die transzendenten Wahrheiten atmet. Die weltrenommierte Islamwissenschaftlerin Annemarie Schimmel definiert in ihrem Buch „Sufismus" diese Besonderheiten deutlich, wie folgt:

---

[19] Karāmāt: Übernatürliche Wunder, die von muslimischen Heiligen vollbracht werden.
[20] Bediüzzaman Said Nursi, *Mektubat (Die Briefe): Fünfter Brief,* İstanbul 2010, S. 24.
[21] René Jean-Marie Joseph Guénon (später Abdel Wahid Yahia; (1886 - 1951) war ein französischer Metaphysiker und esoterischer Schriftsteller.
[22] Dr. Mustafa Tahralı, KAM, X/4 [1981], S. 28-35 [übersetzt vom Verfasser]; Auf der Homepage: https://islamansiklopedisi.org.tr/tasavvuf; https://www.bing.com/videos/search?q=%20Dr.%20+ Mustafa+Tahralı; Prof. Dr. Mustafa Tahralı ile Rene Guenon Röportajı. (letzter Aufruf von 19.04.2022)
[23] Ma`rifa: Mystische Erkennnis.

„Wenn man ihn [den Sufismus] beschreiben will, steht man bald vor einem blühenden Garten mit duftenden Rosen und klagenden Nachtigallen, die zu Symbolen für die göttliche Schönheit und die Sehnsucht der Seele werden, bald vor einer Wüste theoretischer, dem Uneingeweihten kaum verständlicher Abhandlungen in überaus kompliziertem Arabisch; dann wieder leuchten die eisigen Gipfel der höchsten theosophischen Weisheit in der Ferne auf, nur wenigen erreichbar. Der Sucher selbst verliert sich in einem bunten Markt volkstümlicher Sitten und Gebräuche, bevölkert von seltsamen Gestalten [...] oder aber er findet den Sufi, der das Herzensgebet übt, in der Stille einer abgelegenen Klause. [...] Wie kann man ein solches Phänomen recht beschreiben?" [24]

Die oberen Aussagen zeigen, dass Sufismus ein sehr breit gefächerter Bereich ist, der existenzielle, psychologische, epistemische und ethische Elemente umfasst.

Sufismus ist das Abenteuer einer Suche nach der Wahrheit mit einem bestimmten Ziel sowie einem Zweck und einer bestimmten Bedeutung in jeder Hinsicht. Obwohl es in vielen Bereichen Ähnlichkeiten und Berührungen mit der westlichen und östlichen Mystik gibt, denke ich, dass sie zu weit voneinander entfernt und unterschiedlicher Formationen sind, um mit dem islamischen Sufismus gleichgestellt werden können. Nichtsdestotrotz sind die transzendenten Erfahrungen und Errungenschaften, die diese verschiedenen spirituellen Wege bieten, jedes für sich Entstehungen, die die Herzen und die Gefühle inspirieren und erregen. Es ist notwendig, vom Sufismus wie auch von der Mystik Nutzen zu ziehen.

---

[24] Annemarie Schimmel, *Sufismus, Eine Einführung in die islamische Mystik*, Germany 1995, S. 7.

21

1.2 Die Mystik

Theoretisch gibt es die Mystik, seit es auch den Menschen gibt. Die Suche nach dem *„Unbekannten"*, welches eigentlich in einem selber ruht und das entdeckt und gespürt werden muss. Während die monotheistischen Religionen die Mystik auf Gott und der Gottesfindung eingrenzen, beziehen Religionen wie der Hinduismus und der Buddhismus die Mystik vielmehr auf die Selbstfindung und die Reinigung der Seele, die nicht im Einklang mit dem Universum steht. Genau wie bei der Erklärung und Beschreibung zum Sufismus, geht Raid Al-Daghistani auch das Thema Mystik in drei methodischen Vorgehensweisen an. Er betrachtet Mystik etymologisch, religionsgeschichtlich und phänomenologisch:

> *„Der Ausdruck „Mystik" stammt vom altgriechischen mystikos oder mysterion und bedeutet so viel wie „geheimnisvoll" bzw. „Geheimnis", kann aber auch als „Geheimlehre" oder „Geheimkult" übersetzt werden. Etymologisch verwandt ist auch das griechische Wort myein oder myo, was „schließen" bzw. „sich schließen" bedeutet. Man schließt nämlich Augen und Mund, um sich in die Innenwelt zu versenken. Diese mediative Versenkung in die Innenwelt bedeutet zugleich eine Abkehr von der Sinnenwelt. Man öffnet sich einer anderen, übersinnlichen und metarationalen Erfahrung. Auch das lateinische Wort „mysticus" bezieht sich auf etwas, was „unbeschreiblich", „unaussprechlich", „geheimnisvoll" ist. Im Mittelpunkt der Mystik steht also „ein spezifischer Geheimnischarakter der Wirklichkeit".*[25]

Wie schon erwähnt, ist dieses *„in sich kehren"* aber in den monotheistischen Religionen klar definiert und strukturiert. Es benötigt einer Anleit-

---

[25] Raid Al-Daghistani, *Epistemologie des Herzens: Erkenntnisaspekte der islamischen Mystik*, Köln 2017, S. 12-15.

ung und einem Wegweiser. Die Erleuchtung zu finden, benötigt seine eigenen Formen und Disziplinen. Deshalb ist sie eine bestimmte Art der Spiritualität. Raid Al-Daghistani zitiert im selben Zusammenhang:

> *„[...] Hans Küng bemerkt dazu ganz zu Recht, dass „Mystik" nicht jede Form von Spiritualität ist, sondern „jene Religiosität, die angesichts der verborgenen Geheimnisse vor profanen Ohren, Mund (und Augen) verschließt, da sie das Heil im Inneren und schließlich eine unmittelbar-intuitive Einheitserfahrung mit Gott zu erreichen sucht, mag man diese nun als ‚Gnosis' oder ‚Erkenntnis', als ‚Sophia' oder ‚Weisheit', oder als ‚Licht' und ‚Liebe' bezeichnen."*[26]

Raid Al-Daghistani vermerkt aus religionsgeschichtlicher Sicht weiterhin:

> *„Der Ausdruck „Mystik" kann je nach erkenntnistheoretischen und ontologischen Prämissen unterschiedlich erläutert und verwendet werden. Sie kann sowohl Sehnsucht und Gewissheit als auch Erkenntnis und Lebenshaltung bedeuten. Als solche kann Mystik Gegenstand von Kunst und Literatur sowie Neurowissenschaft und Psychologie sein, vorrangig jedoch ist sie ein Forschungsgegenstand der Theologie und Religionswissenschaft. Religionsgeschichtlich versteht man unter Mystik die Erfassung des Übersinnlichen, Göttlichen und Transzendenten. Mystik schließt somit eigenartige geistige Erfahrungen und seelische Zustände des Menschen ein. Ferner bedeutet sie auch das Streben nach Versenkung in die Tiefen des eigenen Gemüts, um die Vereinigung mit dem göttlichen Sein zu erreichen. In der christlichen Tradition ist diese mystische Vereinigung als unio mystica bekannt. Mystik ist daher eine Form religiösen Erlebens, die auf die göttliche Wirklichkeit bezogen ist. Im theistischen Diskurs versteht man unter Mystik eine intensive Frömmigkeit, die nach*

---

[26] Ebd.

übervernünftiger geistiger Erfahrung der Gotteswirklichkeit strebt. „Mehr noch: Mystik sucht sozusagen Intimität mit Gott oder dem göttlichen. Anders gesagt: Sie sucht die Erfahrung des Berührt seins von der Transzendenz, ja die personale Gewissheit, vom Ewigen gewollt, gesucht, umfangen, geliebt zu sein."[27]

Werner Eichinger fasst die Meinungen über die Mystik mit folgenden Worten zusammen:

„So schreibt die Islamwissenschaftlerin Annemarie Schimmel: „Und doch, so scheint es, haben all diese Bewegungen das gleiche Ziel: das Erreichen des letzten Grundes des Seins und, wenn möglich, das Verschmelzen mit dem göttlichen Prinzip."

Und der Mystikforscher Alois Haas definiert: „Mystische Erfahrung ist ein am Mysterium orientiertes, nicht leicht mitteilbares, letztlich unsagbares Erkenntnis- und/oder Liebesgeschehen zwischen Menschen und Gott, das vom Menschen als gnadenhafte, ohne Anstrengung empfangene Einigung mit Gott erfahren wird. Der Philosoph Werner Beierwaltes fasst den Minimalkonsens im Verständnis der Mystik zusammen als „Eins-Werden des Menschen (seines Bewusstseins) mit einem göttlichen Prinzip."

Anselm Grün und Gerhard Riedl schließlich schreiben: „Der mystische Weg geht nicht von Moralprinzipien aus, sondern von der Erfahrung Gottes, die den Menschen in seinem Innersten verwandelt und auch sein Verhalten erneuert."[28]

---

[27] Ebd.
[28] Werner Eichinger, Vortrag bei der Herbsttagung der Internationalen Erich-Fromm-Gesellschaft und des Niels-Stensen Hauses, 2000, Tübingen.

Hierzu gibt es viele Beispiele auch in der islamischen Geschichte. Berühmt und allgegenwärtig wird hier das Beispiel von Halladsch[29] aufgezeigt, der durch die Extase „*Enel Haq*" schrie, sich Gott so nah empfand, dass er die Aussage äußerte: „*ich bin die Wahrheit*". Es spiegelt genau die Erfahrung des Berührtseins wider.

In allen Religionen ist die Mystik ein Bereich, der tiefgreifende Spuren hinterlässt. Dadurch haben sich viele Brüderschaften, Sekten und Orden gebildet, die den mystischen Weg aufgezeichnet, diszipliniert, strukturiert und gestaltet haben:

> „*Im weiteren Sinne weist Mystik auf einen spezifischen Ausdruck der Religiosität und Spiritualität hin, der die Gesamthaltung des Menschen prägt und seine Lebensweise definiert. Als selbstständiger Bereich der Religion ist Mystik ein Überbegriff für die in verschiedenen religiösen Traditionen und spirituellen Strömungen unterschiedlichen und höchst ausgeformten Methoden und Praktiken. Die spirituellen Techniken wie Kontemplation, Achtsamkeit, Askese, Meditation, Gewissenserforschung, Läuterung des Herzens und Disziplinierung der Seele sind wichtige Bestandteile des mystischen Weges. Sie ermöglichen es dem Menschen, ein höheres Bewusstsein und spirituelle Reinheit zu erlangen.*"[30]

Was die phänomenologische Seite anbelangt schreibt Raid Al-Daghistani über Mystik weiter:

---

[29] Vgl. Halladsch: 858-922: Al-Halladsch, der Märtyrer der mystischen Liebe, wurde wegen seines Ausspruches an al-haqq („Ich bin die Wahrheit, die Wirklichkeit"), der die tiefe Erfahrung der „Vereinigung" bzw. der „Einheit mit der Gottheit" zum Ausdruck bringt, 922 in Bagdad als Ketzer hingerichtet und gekreuzigt. Karl Prenner, Grenzgebiete der Wissenschaft, 2016, S.39.

[30] Raid Al-Daghistani, *Epistemologie des Herzens: Erkenntnisaspekte der islamischen Mystik*, Köln 2017, S. 13.

*„Klassischer mystischer Literatur zufolge ist Mystik eine Erfahrung im Sinne von Wahrnehmen und Konfrontiert werden. Die mystische Erfahrung als eine metarationale Gottesbegegnung stellet somit eine Sondererfahrung der menschlichen Existenz und eine geistige Erfahrung par excellence dar. Die mystische Erfahrung ist eine seltene menschliche Erfahrung, die es uns ermöglicht, die zwiespältige Natur unserer Existenz auf eine subtile Art und Weise zu überwinden. Diese zwiespältige Natur des Menschen bestimmt die grundlegende Struktur seines Daseins. Da der Mensch seine ursprüngliche Einheit mit dem „**SEIN**" verloren hat, existiert er nicht (mehr) unmittelbar. Aus philosophisch-anthropologischer Hinsicht kann der Mensch als Homo diaphoricus („zwiespältiges Lebewesen") und Homo symbolicus („sybolisches Lebewesen") bezeichnet werden. Das menschliche Bewusstsein hat durch Reflektionsvermögen eine entscheidende Dualität hergestellt. Diese Dualität ist nun nicht nur überall, sondern die Weise, wie der Mensch überhaupt überall ist. Die existenzielle und metaphysische Konsequenz der menschlichen Selbstreflektion ist das Gefühl des Geworfen seins in die Welt."*[31]

Die Fragen „Wer bin ich?", „Woher komme ich?", „Wohin gehe ich?" und „Was ist der Sinn des Lebens?" beschäftigen den Menschen seit Anbeginn der Zeit. Die Mystik birgt zu all dem Antworten und ist deshalb, jeher Quelle magischer Anziehung.

„[...] Der Mensch ist nämlich ein Teil der Welt, doch er ist nicht die Welt selbst. Er ist ein Teil der Natur, doch nicht eins mit der Natur. Zwischen ihm und der Welt liegen die Symbolformen. Die Kultur wird zu seiner „zweiten Natur". Ontologisch – d.h. seinshaft – äußert sich diese zwiespältige Natur der menschlichen Existenz als eine

---

[31] Raid Al-Daghistani, Epistemologie des Herzens: Erkenntnisaspekte der islamischen Mystik, Köln 2017, S. 14.

*dualistische Beziehung von „Subjekt" und „Objekt", „Bewusstsein"
und „Welt", „Körper" und „Geist", „Ich" und „das Andere", „Imma-
nenz" und „Transzendenz". Ontisch (dem Sein nach) äußert sie sich
aber durch die grundlegenden existenziellen Stimmungen wie Un-
behagen, Angstgefühl, Selbstentfremdung und Unruhe, die Un-
trennbar mit der menschlichen Suche nach Sinn, Selbsterfüllung,
Selbstverwirklichung und mit dem Bewusstsein über seine Sterblich-
keit verbunden sind. Die Mystik eröffnet uns die Möglichkeit, dass
wir uns über diesen Zustand der inneren Zersplitterung und Spaltung erheben, an einer neuen unendlichen Quelle des Seins teilnehmen und somit die Trennung zwischen uns und unserer Urquelle
aufheben. Die mystische Erfahrung bedeutet damit einen radikalen
Seins Wandel, mit dem der Mensch die ontologische Kluft zwischen
Subjekt und Objekt bzw. Seienden und Sein aufheben und Selbstver-
söhnung, Ein(s)heit und existenzielle Erlösung erreichen kann. [...]
die mystische Erfahrung grundsätzlich als eine Erkenntnisquelle zu
begründen, denn „das Geheimnis des Mystischen gründet in der
Frage nach dem innersten Kern unseres Menschensein – und zu-
gleich nach dem Sinn nicht nur des eigenen Lebens, sondern der
Welt im Ganzen. In der Grundbestrebung der ((mono-)theistischen)
Mystik geht es also um „etwas Geheimnisvolles, das aus den Ober-
flächlichkeiten des Lebens hinausführt und mehr Nähe zum Göttlichen ermöglicht"* [32]

Die verschiedensten Aussagen der berühmten Orientalisten, akademischen Schriftsteller und Denker, welche Experten auf dem Gebiet der
Mystik und des Sufismus sind, haben dem Thema aus verschiedenen Perspektiven eine Bedeutung gegeben. Obwohl es Ähnlichkeiten gibt, bin
ich der Meinung, dass das Zusammenbringen des islamischen Sufismus

---

[32] Ebd., S. 15.

mit der westlichen und der östlichen Mystik eine Interpretation ist, die über die Grenzen ihres Zwecks hinaus geht. Daher glaube ich, dass es nicht richtig ist, Sufismus mit Begriffen wie „islamische Mystik" zu definieren.[33] Ich möchte diesen Abschnitt abschließen, indem ich allgemein meine Gedanken darlege, warum Mystik und Sufismus miteinander unvereinbar sind, ohne den Rahmen zu sprengen.

Tatsächlich ist der wichtigste Faktor, dass eine solche Vereinigung von Mystik und Sufismus nicht existieren kann, der Glaube an die Propheten in der Religion des Islam. Denn nach islamischer Überzeugung ist nicht nur der Gehorsam gegenüber Allah wichtig, sondern wird dieser gleichermaßen gegenüber den Propheten erwartet. Er wird dem sogar gleichgeschrieben. Es gibt zahlreiche Verse im Koran, die diese Tatsache bekräftigen und unterstützen, dass es unmöglich ist, Allah zu erreichen, ohne zur höheren Weisheitsschule der Propheten zu gehen. Die Verse im Koran, die diese Tatsache klar definieren und fordern, sind beispielsweise 3.32- *Sprich: Gehorcht Gott und dem Gesandten;* 3.132- *Gehorcht Gott und dem Gesandten Gottes, damit euch Barmherzigkeit zuteilwird;* 4.59- *O ihr Gläubigen! Gehorcht Gott, dem Gesandten und den Verantwortlichen unter euch;* 4.80 - *Wer dem Gesandten gehorcht, der hat bereits ALLAH gehorcht;* 3.31 - *Sag: Wenn ihr (wirklich) ALLAH liebt, dann folgt mir, damit ALLAH euch liebt und euch eure Verfehlungen vergibt. Und ALLAH ist allvergebend, allgnädig.*

Tatsächlich beinhaltet das Glaubensbekenntnis,[34] welches eine Voraussetzung ist, in den Islam einzutreten und Muslim zu werden, die An-

---

[33] Mehr dazu siehe: Mustafa Tahralı, *Çağ ve Hakikat René Guénon'dan Seçme Makāleler ve Yorumlar,* İstanbul 2019, S. 194-202.

[34] Die *„Schahada"* ist das arabische Wort für das Glaubensbekenntnis der Muslime und damit die wichtigste Grundlage ihres Glaubens. Sie gehört zur Aufnahme in den Islam, zum Gebetsruf und zu den täglichen Pflichtgebeten der Muslime. Die *„Schahada"* ist ganz kurz und lautet: "Ich bezeuge,

nahme und Billigung des Propheten. Der Weg um ein perfekter Muslim zu sein, führt also über den Propheten und dem richtigen Verständnis seiner Botschaft.

Um spirituelle Geheimnisse (Enthüllungen) zu erreichen, muss man sich auf die verschiedenen Ebenen begeben, die der notwendigen Begleitung eines rechtleitenden Führers (Begleiters) benötigen. Die Sufimeister entwickelten deshalb spezielle Methoden auf diesem Gebiet. Angelehnt an den Koran und der Sunna ermöglichen sie somit dem Diener, eine Ebene zu erreichen, auf der er Allah und den Propheten bewusst wahrnehmen kann.

> *„Al-Ġazālī geht in seinem großen Werk „Die Wiederbelebung der Religionswissenschaften" im Kapitel „Das Buch der Erklärung der Eigenartigkeit des Herzens" auf dieses Thema ein. Unter der Überschrift „Die Belege für das Erwerben von maʿrifa durch den Weg der Sūfīs, anstelle der konventionellen Wege in Koran und Sunna" zitiert al-Ġazālī mehrere Koranverse und Hādīṯhe, die die Grundlagen des Sufismus bilden. So heißt es z.B.: „Und diejenigen, welche sich für UNS kräftig einsetzen, werden Wir auf unseren Wegen leiten [...]."[35] Diesen Vers deutet al-Ġazālī wie folgt: „Durch das dauerhafte Verrichten der religiösen Pflichten wird Weisheit im Herzen, nicht durch den Erwerb von Wissen, sondern durch Intuition und Erleuchtung gewonnen. An einer anderen Stelle im Koran heißt es: „[...] und dem, der Allāh fürchtet, verschafft Er einen Ausweg und versorgt ihn in der Art und Weise, mit der er nicht rechnet [...]"[36] oder: „[...] [W]enn ihr Allāh fürchtet, wird Er euch Entscheidungskraft gewähren [...],"[37]*

---

dass es keine Gottheit gibt, außer (und einzig) Allah und ich bezeuge, dass Mohammed der Gesandte Allahs ist."

[35] Koran, 29/69.
[36] Koran, 65/2-3.
[37] Koran, 8/29.

*und: „Er gibt die Weisheit, wem Er will, und wem da Weisheit gege-
ben wurde, dem wurde hohes Gut gegeben [...]."[38] Von den Ḥādīṯhen
zählt al-Ġazālī folgende auf: „Hüte dich vor der Weitsichtigkeit des
Frommen, denn er sieht mit dem Licht Gottes." „Das Wissen (ʿilm)
ist zweigeteilt, zum einen das Wissen der Sprache, mit dem die Existenz Gottes erwiesen wird, und das Wissen des Herzens (ʿilm al-
bāṭin), welches das nützliche Wissen ist."[39]*

Es wird klar, dass im Sufismus der Diener alleine nicht die hohen Gefilden,
die erreicht werden wollen, erklimmen kann. Denn der Weg ist beschwer-
lich und lang. Nafs[40] und Shaitan[41] lauern überall.

*„[...] Sufismus wird als geistige Reise (süluk)[42] erklärt. Der Inhalt die-
ses Wissens und Weges ist es, dass der Anwärter, um zu seinem
Schöpfer zu erlangen, seine Seele, von allen weltlichen Unrat reinigt,
seinen Charakter verbessert und ihr Zweck ist es, sich selbst und seinen Herrn zu kennen.[43]*

Im Sufismus werden die Enthüllungen und Wunder (spirituelle Errungenschaften und Geheimnisse), die während des Prozesses der spirituellen Reise ("seyr-ü süluk") erlangt werden, nicht als allgemein verbind-
lich akzeptiert, es sei denn, sie bestehen die entscheidende Messung
und Filterung des Korans und der Sunna unter Aufsicht und Führung
des Sufimeisters. Dies ist eine Vorsichtsmaßnahme, um jegliche Art von

---

[38] Koran, 2/269.
[39] Raid Al-Daghistani, Epistemologie des Herzens: Erkenntnisaspekte der islamischen Mystik, Köln 2017, S. 23.
[40] Nafs: Seele, Ego oder auch Triebseele.
[41] Schaitan: Teufel, Dämon, der den Menschen böses einflüstert um ihn von Gott zu entfernen.
[42] Süluk bedeutet „auf einem Weg sein, einen Weg befolgen, reisen". In der Sufisprache meint man damit alle Handlungen (gutes Verhalten, Rezitationen, Gottesdienste), die einen der Wahrheit also Gott näher bringen" https://islamansiklopedisi.org.tr/suluk--tasavvuf (letzter Auf-ruf: 22.05.2022) übersetzt vom Verfasser.
[43] Übersetzt vom Verfasser: https://islamansiklopedisi.org.tr/suluk--tasavvuf (letzter Aufruf: 16. 05.2022)

Missverständnissen oder Missbrauch in Religion und im Sufismus zu verhindern. In diesem Zusammenhang sorgten die Äußerungen von Top-Sufis wie Muhyiddin ibn Arabi und Ḥallāǧ, von Zeit zu Zeit für Missverständnisse in der Öffentlichkeit. Als sie von ihren Enthüllungen und Errungenschaften im spirituellen Reich zurückkehrten und im Hier und Jetzt erwachten, befanden sie sich noch in der spirituellen Trunkenheit und dem Einfluss der spirituellen Anziehung.[44]

Die Aussagen, die sie in dieser Situation machten, brachten sie manchmal in Schwierigkeiten. In der Geschichte des Sufismus gibt es viele Ereignisse, die Beispiele für Missverständnisse in diesem Sinne sein können. Annemarie Schimmel beschreibt einen sogenannten „Khorasanischen Schule" der Sufis um 900, in dem genau diese Erscheinungsbilder vorkamen. Der berühmteste unter ihnen ist wie schon erwähnt Al-Ḥallāǧ:[45]

Hier ging es um die religiöse Entfaltung einer übergreifenden und intensiv auf den Liebenden zurückwirkenden Herzensliebe. Al-Ḥallāǧ gilt insbesondere als „Märtyrer der mystischen Liebe". Von Abū l-Muǧīṯ al-Ḥusain ibn Manṣūr al-Ḥallāǧ, wie der volle Name lautet, stammt, wie Schimmel berichtet, „der berühmteste aller Sufi-Aussprüche". Sie übersetzt: „‚Ich bin die absolute (oder: schöpferische) Wahrheit' (oder: die wahre Realität)." Dies wurde später als ein „Ich" als „Ausfluss göttlicher Gnade" im Unterschied zu einem sich selbst behaupteten „Ich" interpretiert. Al-Ḥallāǧ unternahm drei Pilgerfahrten nach Mekka, bei der zweiten bereits von vielen Anhängern begleitet. Er inszenierte sein Leben auch durch eine Schiffsreise nach Indien und säte nach Schimmel im Indus-Tal

---

[44] Ufuk Öztürk, Einführung in den Sufismus, http://isamveri.org/pdfdrg/D03540/2012_7/2012_7_OZTURK.pdf.
[45] Vgl. Schimmel, Annemarie: *Mystische Dimensionen des Islam. Die Geschichte des Sufismus*, München 1992, S. 95–99.

die „mystische Poesie", deren Saat weit aufging. Nach seiner Nie-derlassung in Bagdad geriet er nicht nur in Auseinandersetzung mit den Rechtsschulen, sondern auch in politische Konflikte, so dass er 912 eingekerkert und 922 schließlich – den Berichten nach auf scheußliche Weise – hingerichtet wurde. Nun hatte er immer schon den Tod „mystisch" vorweggenommen, da in ihm das wahre Leben oder „die Wirklichkeit der Wirklichkeit" liege. Offensichtlich hindert al-Ḥallāǧs Tod seine Verehrung nicht, die sich z. B. im „Werk des größten mystischen Dichters persischer Zunge, Mevlana Jalaluddin Rumi" spiegelt.[46]

Der Sufismus befolgt also einen strikten Katalog von Regelungen, die nicht gleichzusetzen sind mit der freien Interpretation der Mystik.

---

[46] Dietmar Mieth, Individuelle Unmittelbarkeit der Mystik als Herausforderung, „Dem Einen entge-gen, christliche und islamische Mystik in historischer Perspektive, Berlin, 2018, S.20-21. m.w.N.

1.3 Definition des Sufismus

Bevor ich zur Definition komme, möchte ich darauf hinweisen, dass ich auf keine allgemein akzeptierte Definition des Sufismus gestoßen bin. Es ist ohnehin kein Bereich, der nur mit Worten definiert und beschrieben werden kann. Man kann keine Wortmuster finden, um Dinge zu beschreiben, die mit den Augen des Herzens gesehen und gehört werden können. Sufismus gibt seinen Anhängern spirituelle Ausrüstung und praktische Ziele, die das Bewusstsein des Diener-Seins und der Weite des Menschseins entsprechend ihrer Fähigkeiten lehrt. Vorzugsweise sind diese Ziele den berühmten und meisterhaften Sufis zu überlassen, die sie im ersten Grad definieren können. In diesem Zusammenhang möchte ich erneut aus dem Werk von Raid Al-Daghistani zitieren:

„[...] Man fragte al-Ġuraryrī nach dem Sufismus, und er antwortete: „Das Eintreten in jegliche hohe Charaktereigenschaft und das Heraustreten aus jeglicher niedrigen Charakter Eigenschaft." Er sagte auch: „Sufitum ist Wachen über die [spirituellen] Zustände und Wahrung der guten Sitte." Man fragte Samnūn (Dhū n-Nūn al-Misrī), worin das Sufitum bestehe, und er sagte: „Darin, dass du nichts besitzt und nichts dich in Besitznimmt." Doch Maʿrūf al-Karḫī behauptete: „Sufitum ist das Ergreifen der Wirklichkeiten und das Verzweifeln an dem, was die Menschen in der Hand haben." Ibn Ibrāhīm al-Balḫī sagte: „Das Wesen des Sufismus liegt [...] in der Erkenntnis Gottes und in der Zufriedenheit mit seinem Willen." Ähnlich behauptete auch Sufyān aṭ-Ṭawrī: „Sufismus ist Kunst der Erkenntnis und ein Ausdruck der Ehrfurcht." Muḥammad ibn Aḥmad al-Muqrī meinte: „Sufismus ist die Aufrechterhaltung richtiger Zustände mit Gott." Und der berühmte Meister aus Bagdad, al-Ğunayd, sagte: „Sufitum ist [Gott] Gedenken mit innerer Sammlung, Verzückung (waǧd) mit Gehörschenken und Handeln mit Folgeleisten."

Abū ʿAlī ar-Rūḍabārī aber meinte: „Sufitum ist das Verbleiben an der Tür des Geliebten, auch wenn man (davon) weggejagt wird." Aš-Šiblī konstatierte: „Das Sufitum ist ein flammender Blitz", und „[...] die Bewahrung vor dem Schauen auf das Geschaffene." ist. Jeder sprach also das aus, was er in seiner Seele auf seinem eigenen geistigen Weg erfahren hatte. Einer der größten deutschen Experten für Sufismus, Richard Gramlich, stellt daher treffend fest, dass Mystik im Islam, genauso wie in anderen religiösen Traditionen, zuerst gelebt wurde. Und das, was die islamischen Mystiker in der Tiefe ihres Gemüts erfahren und erlebt haben, versuchten sie auch, zum Ausdruck zu bringen. Sie versuchten, das Erlebte und Erfahrene mitzuteilen und in Schriften festzuhalten. Das Mitgeteilte verberge sich allerdings unter dem Gewand „einer Sprache, die nicht klare Rede ist, sondern Sprache des Hinweises, der Andeutung, die der auf den profanen Sprachgebrauch Fixierte nicht verstehen kann. Den eigentlichen Sinngehalt mystischer Rede erfasst nur, wer in der Welt der Angedeuteten selbst beheimatet ist", das ist der Mystiker selbst. So sind wir wieder bei der Überzeugung von al- Huǧwīrī, laut dem die Bedeutung des Sufismus den Sufis „klarer als die Sonne" ist."[47]

Raid al-Daghistani erwähnt in seinem Buch auch die Tatsache, welche ich am Anfang des Thementitels über die Definition des Sufismus gesagt hatte:

„[...] Die oben angeführten Aussagen angesehener Sufis sind eher als fromme Behauptungen und nicht als eigentliche Definitionen des Sufismus zu verstehen. Die Unterschiedlichkeit der Bezeichnungen gründet auf der Vielfältigkeit der Erfahrungen. Die oberen Aussagen zeigen, dass Sufismus ein sehr breit gefächerter Bereich ist,

---

[47] https://www.academia.edu/41105024/Al_Daghistani_R_2019_Islamische_Mystik_Sufismus_als_Weg_Wissen_und_Weisheit (letzter Aufruf: 16.04.2022) m.w.N.

der existenzielle, psychologische, epistemische und ethische Elemente umfasst. Aufgrund dieser und zahlreicher anderer Aussagen und Berichten der bekannten Sufis lässt sich Sufismus dennoch als eine Authentische religiöse Mystik des Monotheismus interpretieren."[48]

Als wichtigen Zusatz zu diesen Definitionen möchte ich das Thema ausgleichen, indem ich Bediuzzaman Said Nursis (1876-1960) Bewertungen zum Sufismus präsentiere und seinen Platz im heutigen Kontext bestimme. Wenn die Zeiträume berücksichtigt werden, in denen Bediuzzaman lebte, ergibt sich das folgende Bild: Sowohl in der westlichen als auch in der islamischen Welt erfahren die traditionelle Struktur und die in der Neuzeit entstandene Säkularisierung einen gravierenden Bruch und Wandel. Tatsächlich zeichnet sich das 19. Jahrhundert als ein Jahrhundert des Bruchs für alle Sufiorden (Tariqats) aus. Das gleiche gilt auch für alle Religionen. Menschen, die sich traditionell über ihre religiöse Identität definierten, treten in der Moderne mit anderen Identitäten und Zugehörigkeitsgefühlen hervor. Der besagte Effekt der Modernisierung, der sich überall als Säkularisierung zeigte, hat die Sichtbarkeit und Reflexion der Religion ernsthaft beeinträchtigt. Orden und Gemeinschaften (Cemaats), die sowohl bei der Bekehrung der Türken zum Islam als auch in späteren Zeiten eine große Rolle in der Gesellschaft gespielt haben, gerieten ab dem Ende des Osmanischen Reiches in eine schwere Krise. Die republikanische Türkei versuchte durch das Verbot von Orden (Tariqats) und Gemeinschaften (Cemaats)[49] eine säkulare Gesellschaftsstruktur aufzubauen. Dabei behielten die Orden, die ihre Aktivitäten im Verborgenen fortsetzen mussten, weiterhin unkontrolliert ihren Einfluss auf

---

[48] https://www.academia.edu/41105024/Al_Daghistani_R_2019_Islamische_Mystik_Sufismus_als_Weg_Wissen_und_Weisheit (letzter Aufruf: 19.04.2022) m.w.N.
[49] Ferdinand Tönnies: Gemeinschaft und Gesellschaft. Grundbegriffe der reinen Soziologie. Wissenschaftliche Buchgesellschaft, Darmstadt 2010. Mehr dazu auch: Arda Akıncı, "Modern Ulus Devletlerin Doğuşu", Dumlupınar Universität, Soziologie Magazin (2012), 34, S. 61-70.

das gesellschaftliche Leben. Die Reformbewegungen, die in der islamischen Welt zugenommen haben, fingen an, auf allen Gebieten neue Argumente zu entwickeln. Der Wandel, der sich im Bereich des Sufismus auch widerspiegelte, brachte „neue Sufi-Gemeinschaften" hervor. Ich möchte betonen, dass die Sufiorden (Tariqats) gegen die durch die Modernisierung verursachten gesellschaftlichen Veränderungen keine wirksamen und ausgleichenden Lösungen für das Säkularisierungsphänomen hervorbringen konnten. Gleichzeitig ist bei allen Fakten offensichtlich, wie die Werte, die der Modernisierungsprozess mit sich brachte, die Sufiorden beeinflussen und transformieren. Genau im Einfluss dieser Problematik sagte Bediuzzaman Said Nursi:

„[...] Ohne Glauben kann man nicht ins Paradies gehen, aber es gibt viele, die ohne Sufismus (Tariqat)[50] ins Paradies gehen. Ein Mensch kann ohne Brot nicht leben, aber er kann ohne Obst, Früchte leben. Sufismus ist Frucht, die Wahrheit des Islams (der Glaube) ist Nahrung."[51] Bediuzzaman erweiterte den Kreis der „Wachsamkeit" im Sufismus durch den Koran und fügte die Pflicht der „Kontemplation" als ein höchst wichtiges „vird" hinzu. Das Risale-i-Nur Werk stellt das Universum als großen „Tempel" vor und schafft einen harmonischen Chor, indem es in die Erinnerung des Menschen die Milliarden von Wesen einbezieht, die sich in diesem Tempel an ihren Schöpfer erinnern. Durch die Risale-i-Nur Werke bringt Said Nursi den Menschen in diesen großartigen Tempel und öffnet ihnen die Weisheit durch den Glauben und den Koran. Er war überzeugt, dass die rund 130 Werke, die er schrieb, den Zweck von Suluk (spirituelle Reise der Seele) erreichen würden, der im Sufismus bis zu vierzig Jahre andauerte. Während er dies ausdrückt, stellt er fest: „Wenn große Persönlichkeiten wie Abdulkadir-i Geylani, Shah-i Nakschibendi und

---

[50] Mit Tariqat ist gemeint, der institutionelle Sufismus. Nicht der eigentliche Sufismus (Tasawwuf).
[51] Bediüzzaman Said Nursi, Mektubat (Die Briefe), fünfter Brief S.25, Istanbul, 2010. (Akıncı, 2012).

Imam-i Rabbani zu dieser Zeit gelebt hätten, hätten sie ihre ganze Hilfe für die Stärkung der Wahrheit des Glaubens des Islam (Aqaid-i Islamiyyah) genutzt."[52]

Said Nursi unterstreicht in Anbetracht der Tatsache, dass der Sufi das Universum vergaß, indem er „La meşhude illa hu" (Es wird niemand und nichts außer Allah gesehen) sagte, und der andere das Universum in Nichtexistenz verschlang, indem er „La mevcûde illa hu" (Es ist nicht Präsenz oder existiert nicht außer Allah) sagte, benutzte Bediuzzaman den Slogan „La ma'bude illa hu"(Es gibt keinen der Anbetungswürdig ist) und "La maksude illa hu" (Es gibt keinen den es zu erreichen gibt). Und zeigte die beweiße dieses Großen Pfades aus dem Koran. Er akzeptiert die Tariqa/Sufiorden als Teil der Scharia. Er sieht also die Orden und Sufismus als Mittel und Schritte, um die Wahrheiten der Scharia zu erreichen. Die Sufiorden wie auch Scharia sind Mittel zur Wahrheit, nämlich dem Glauben. Doch darf die Befolgung der Scharia und der Sunna nicht in den Hintergrund gedrängt werden durch den Sufismus, sondern es soll der Zweck sein um zu diesen zu gelangen. Alles andere wäre ein großer Fehler. Er unterstrich den Platz der Orden im Sufismus sagte: „Die Orden im Namen des Sufismus sind ein göttliches Geheimnis der Menschheit und Wege zur menschlichen Vollkommenheit." Er erinnert das es Sufis gab die die Scharia als unnötige Hülle ansahen und nur der inneren (Batini) spirituellen Wahrheit ein Gewicht gaben. Mit Bedauern betont Said Nursi, dass aus diesem Grund manche Gelehrte den Sufismus und die Orden verurteilen und damit der Ahl al-Sunna eines großen spirituellen Schatzes berauben.

Said Nursi sieht Ikhlas (die Absicht alles nur für Allah zu tun) als das wichtigste Prinzip und Bestandteil um ein Gottesfreund (Auliya/Va-

---

[52] Bediüzzaman Said Nursi, Mektubat (Die Briefe), fünfter Brief S.25, Istanbul, 2010.

liyy) zu werden. Er sagt, dass der leichteste Weg um diesen Ikhlas zu erlangen die Sunna ist. Das Ziel des spirituellen Fortschritts und des spirituellen Kampfes ist es, ein vollkommener Mensch zu sein. Das heißt, als wahrer Gläubiger muss man die Wahrheiten des Glaubens und des Islam erlangen.[53]

Wenn wir uns die obigen fachmännischen und meisterhaften Definitionen des Sufismus ansehen, wird deutlich, dass sich die großen Geister um verschiedene Interaktionen winden, als wären sie unfähig, transzendente Emotionen auszudrücken. Als Seelsorger möchte ich den Definitionen und Beschreibungen dieser einzigartigen Sufis, eine neue hinzufügen. Mit der industriellen Revolution und der Moderne, mit all ihren Bedingungen, wurden die Menschen in einen intensiven und ermüdenden Kampf gedrängt, um ihr weltliches Leben mit einem atemberaubenden Konkurrenztempo zu gewinnen. Seelen, die in diesen hektischen Lebensumständen müde sind, finden aufgrund von Stress und Zeitlosigkeit oft nicht einmal die Gelegenheit, auf sich selbst zu hören und auf ihre Gefühle einzugehen. Unter den heutigen Bedingungen, in denen ein ernsthaftes Bedürfnis nach spiritueller Aufatmung besteht, wünschen und sehnen die Menschen sich nach dem Schatten unter dem sie Zuflucht suchen können, um ihren Geist von Zeit zu Zeit formen und regenerieren zu können:

Man kann über den Sufismus sagen, dass Unabhängig davon wie beschäftigt man ist, es eine Insel, ein Rückzugsort, eine Nische, eine intime private Ecke ist, wo man sich mit transzendenten Gefühlen zurückziehen und Zuflucht suchen kann. Es ist wie eine Übung, die einem hilft, auf sich selbst zu hören und Licht in sein inneres durcheinander zu bringen, indem man tief eintaucht und sich erholt. Der Sufismus ist ein liebevoller

---

[53] Übersetzt vom Verfasser. Siehe mehr dazu: Semsettin Karci, 23.01.2022. https://www.hikmet-akademisi.com/Article/209-bediuzzaman-said-nursi- (letzter Aufruf: 04.04.2022).

Führer (Begleiter) und ein endloses Lebenselixier, dessen umhüllende Wärme man in jedem Moment in seinem Herzen spüren kann. Ich begegne dem Sufismus als einen spirituellen Mechanismus, der die Beziehung zu sich selber und der Umwelt harmonisch reguliert.

Die Werkzeuge des Sufismus geben dem rastlosen Menschen dieses Jahrhunderts, die Möglichkeit und Ruhe, ihre innere Stimme zu hören, sie zu deuten und sie wieder mit spirituellen Gefühlen zu vereinen, damit sie sich erneuern können.

1.4 Definition der Mystik

Wie in der Definition von Sufismus gibt es auch in der Mystik eine tiefe Sehnsucht nach der Spiritualität und eine Entschlossenheit diese zu erreichen. Der Sufismus verwendet die Methoden der islamischen Religion in der Begleitung eines Sufi Meisters und zieht den nach innerer Nähe und Dienerschaft suchenden Sufi in den Rahmen des Koran und der Sunna, um ihn in der Haqq al-yaqin (Wahrheit der Gewissheit) zu fixieren. Ziel des Sufismus ist es nicht, unbekannte Geheimnisse zu erreichen. Die Seele soll vielmehr im Lichte des Korans, der Sunna, mit dem Auge des Herzens und unter der Kontrolle sicherer Führer (Begleiter) zu Positionen getragen werden, in der sie zu wahrer Dienerschaft gelangt.

Wie aus dem Sprichwort hervorgeht: „Die Wege, die zu Allah führen, sind so zahlreich wie die Atemzüge der Geschöpfe."[54] Jede Seele wird ihren Anteil an dieser göttlichen Gunst und Nähe erhalten. Obwohl also das Erscheinungsbild von Mystik und Sufismus oft gleich oder ähnlich ist, unterscheiden sie sich in Ihren Zielen.

> *„[...] Der amerikanische Mystiker Alan Godlas ist einer der meistbeachteten Gelehrten der Welt, der den Sufismus in Teheran, Ägypten und Istanbul studiert hat. Godlas, sagt: „Es gibt so viele Wege zu Gott, wie die Anzahl der Atemzüge". Er stellt auch fest, dass Gott uns die Möglichkeit gibt, die Liebe (Transzendenz) zu verspüren und anzunehmen, die er allen Propheten zuteilkommen hat lassen und uns auch das starke Verlangen nach dieser Liebe gibt.*[55]

In der Mystik wird aber hervorgehoben, dass es die eigene Kraft und Initiative ist, mit der sie diese Transzendenz spüren, aufnehmen und ver-

---

[54] Bediüzzaman Said Nursi, Mesnevi-i Nuriye, 1994 Germany, S. 247-248.
[55] Hatice Saka https://www.yenisafak.com/hayat/alinan-nefes-kadar-allaha-giden-yol-var-347 2476, 26.05.2019 (letzter Aufruf: 28.04. 22).

tiefen. Sie gelangen durch ihr eigenes Tun zu Enthüllungen und verborgenen Geheimnissen über die Schöpfung und den Schöpfer.

Werner Eichinger versucht auf die Frage *„Was ist eigentlich Mystik?"* Antworten zu finden und definiert wie folgt:

> *„[...] Das Gemeinsame ist wohl eher in dem zu finden, was schon das Duden-Fremdwörterbuch ansprach: das Streben nach der Einigung mit Gott. So schreibt die Islamwissenschaftlerin Annemarie Schimmel: „Und doch, so scheint es, haben all diese Bewegungen das gleiche Ziel: das Erreichen des letzten Grundes des **SEINS** und, wenn möglich, das Verschmelzen mit dem göttlichen Prinzip." Und der Mystikforscher Alois Haas definiert: „Mystische Erfahrung ist ein am Mysterium orientiertes, nicht leicht mitteilbares, letztlich unsagbares Erkenntnis- und/oder Liebesgeschehen zwischen Mensch und Gott, das vom Menschen als gnadenhafte, ohne Anstrengung empfangene Einigung mit Gott erfahren wird." Der Philosoph Werner Beierwaltes fasst den Minimalkonsens im Verständnis der Mystik zusammen als „Eins-Werden des Menschen (seines Bewusstseins) mit einem göttlichen Prinzip" Anselm Grün und Gerhard Riedl schließlich schreiben: „Der mystische Weg geht nicht von Moralprinzipien aus, sondern von der Erfahrung Gottes, die den Menschen in seinem Innersten verwandelt und auch sein Verhalten erneuert."* [56]

Wie Annemarie Schimmel, die berühmte zeitgenössische Islam- und Sufismus-Forscherin, geschrieben hat:

---

[56] Werner Eichinger, Vortrag bei der Herbsttagung der Internationalen Erich-Fromm-Gesellschaft und des Niels-Stensen Hauses über *„Mystik und gesellschaftliche Verantwortung. Der spirituelle Kern der Weltreligionen"* in Lilienthal bei Bremen vom 27. bis 20. Oktober 2006, http://www.fromm-gesellschaft.eu/images/pdf-Dateien/Eichinger_W_2007.pdf (letzter Aufruf: 23.04.2022)

„Im weitesten Sinne kann Mystik als das Bewusstsein der **„EINEN WIRKLICHKEIT"** *definiert werden, ganz gleich, ob man diese nun* **„Weisheit"**, **„Licht"**, **„Liebe"** *oder* **„Nichts"** *nennt."*[57]

Geo Widengren versucht dies in seinem Buch so zu beschreiben:

„[...] Vor allem ist deutlich, dass das religiöse **„Nach-innen-gerichtet-sein"** *und* **„Nach-innen-blicken"** *einen bestimmten Zweck hat: der Mystiker will in sich selbst in der Ekstase die Vereinigung mit der Gottheit erleben."*[58]

Abschließend möchte ich noch die Meinung von Wolf-Friedrich Schäufele wegen der Definition und dem Problem einer klaren Darstellung der Mystik zitieren:

„[...] Wir sagten bereits, dass es eine allgemein anerkannte Mystik-Definition nicht gibt. Es zeichnen sich in der Forschung aber gewisse Tendenzen und Grundlinien ab, an die wir bei unserem eigenen Definitionsversuch positiv oder negativ anknüpfen können."[59]

Eine einheitliche Erklärung finden wir also im Bereich der Mystik erst recht nicht.

---

[57] A. Schimmel, *Wie universal ist die Mystik?* Herder, Freiburg, 1996, S. 16.
[58] Geo Widengren, *Religionsphänomenologie*, Kapitel 18: *Die Mystik*, https://www.degruyter.com/document/ doi/10.1515/9783110883961-020/html (letzter Aufruf: 29.04.2022)
[59] Wolf-Friedrich Schäufele, *Christliche Mystik*, Band IV, Göttingen 2017, S. 20.

2. Die Entstehungsgeschichte des Sufismus

Schon im ersten Jahrhundert nach dem Tode des Propheten sehen wir die ersten Strömungen der Sufibewegung. Viele haben sich hierbei darauf berufen, dass der Prophet schon zur ersten Offenbarung sich in die Höhle Hira zurückgezogen und meditiert hat.

Annemarie Schimmel verweist auf die Himmelfahrt des Propheten Muhammeds und der Beziehung der Sufis dazu:

> „Der Prophet Muhammad selbst gilt als Ursprung und Vorbild für den mystischen Weg (33,21). Seine Himmelsreise (Sure 17,1) wurde zum Urbild des geistigen Aufstiegs des Mystikers in die unmittelbare Nähe Gottes.

Auch die neben der Moschee von Medina eingerichtete „Suffa", die als erste Hochschule des Islam gilt, war ein Ort, an dem asketisch gelebt, viel gelernt und meditiert wurde. Die minimalistische Lebensweise des Propheten und seiner Gefährten war ein Vorbild für viele in der nächsten Generation. Diese sahen aber nach den Eroberungen und Erfolgen immer reicher werdender Muslime eine Gefahr für das Seelenheil und der islamischen Gemeinschaft.

Hierzu schreibt Ufuk Öztürk in der 'Froschungszeitschrift über Alevitentum und Bektaschitentum' folgendes:

> „[...] Man ist sich generell darüber einig, dass sich das Sufitum aus der asketischen Tradition des Islam heraus entwickelt hat. Bereits im 7. Jahrhundert lassen sich asketische Tendenzen innerhalb der islamischen Frömmigkeit beobachten, und es entwickelten sich im Laufe des 8. Jahrhunderts einfache asketische Gemeinschaften auf der arabischen Halbinsel, in Mesopotamien, Syrien und in Ostiran.

Die wichtigsten Vertreter dieser asketischen Frömmigkeit des Islam sind vor allem Hasan al-Basrí (gest. 728) in Basra, Ibn b. Adham (gest. 778) in Khorasan und Abu Sulayman al Daraní (gest. 830) in Ägypten. Diese frühen islamischen Asketen verachteten die zunehmende Verweltlichung der islamischen Gesellschaft, die sich mehr und mehr vom ursprünglichen Islam entfernte, und legten infolgedessen ein besonderes Augenmerk auf das Jenseits und das Jüngste Gericht. Geprägt von Glauben an die Schlechtigkeit der Welt und der Furcht vor Gottes Strafen, versuchten sie sich von allem Weltlichen zu trennen, um ihre Aufmerksamkeit allein auf den Gottesdienst und die Einhaltung der religiösen Gebote richten zu können. Um Gottes Wohlgefallen auf sich zu ziehen und somit den Strafen des Höllenfeuers zu entkommen, vertieften sie sich deshalb in die Lektüre des Korans, bemühten sich, der Lebensweise des Propheten Muhammed nahe zu kommen und praktizieren eine strenge Askese und Selbstdisziplin. Die frühen islamischen Asketen trugen zum Zeichen ihrer Weltabkehr und Askese ein grobes wollenes Gewand und erinnern deshalb äußerlich stark an die frühen christlichen Asketen."[60]

Man darf nicht außer Betracht lassen, dass der Islam sich als die Weiterführung des Juden- und Christentums sieht. Unter den Nichtmuslimen haben die Christen und Juden - verankert durch den Koran - ihre Sonderstellung als die Buchvölker. Da beide von der göttlichen Quelle kommen, ist eine Beeinflussung auch möglich und natürlich. Im Wesen und in der Askese gleichen sie sich auch sehr. Die Abstinenz zu allen weltlichen Freuden und der Minimalismus in jeder Lebenslage zeichnet sich in

---

[60] Ufuk Öztürk, *Forschungszeitschrift über Alevitentum und Bektaschitentum*, 2013, Heft 7, S.1-15; https://1000kitap.com/kitap/alevilik-bektasilik-arastirmalari-dergisi-sayi-7--229439/alintilar (letzter Aufruf: 16. 05. 2022) m.w.N.

allen Religionen ab. Deshalb ist eine gegenseitige Beeinflussung verständlich.[61]

Die reine Ausübung der Gottesdienste war das oberste Ziel, um der Verweltlichung zu entfliehen. Die neu eroberten Gebiete wie Persien, Mesopotamien, Asien und auch die afrikanischen Länder drangen mit ihren Kulturen und Glaubensriten, auch in den Alltag der Muslime.[62] Der neu gewonnene Reichtum, durch die Eroberungen, kam auch hinzu. Viele befürchteten eine Verschmelzung mit den fremden Kulturen und Religionen der Einwohner, Deshalb war für sie die Rückbesinnung auf die ersten Jahre des Islam unumgänglich. Streng asketisch Lebende Größen wie Hasan al-Basri konzentrierten sich deshalb auf die nüchterne Ausübung ohne Mystik.

> *„Obwohl die frühen islamischen Asketen, vor allem der berühmte Hasan al-Basrí, als Vorväter des Sufismus betrachtet werden, lassen sich sowohl in ihrer Praxis als auch in ihrem Denken nur sehr wenig mystische Züge finden."[63]*

Doch die Mystik gewann immer mehr an Raum und somit entstanden zwei verschiedene Strömungen innerhalb des Sufismus. Die sogenannten „Nüchternen Sufis" und „trunkenen Sufis."[64]

Annemarie Schimmel sagt hierzu:

---

[61] Vgl. Ufuk Öztürk, Einführung in den Sufismus (2) Die Geschichte des Sufismus (1), Forschungszeitschrift über Alevitentum und Bektaschitentum, 2013, Heft 7, S.2. Vgl. Tobias Nünlist, Schutz und Andacht im Islam: Dokumente in Rollenform aus dem 14.–19. Jh.,2020, S.68.

[62] Merdan Güneş: Über die Grundlagen der islamischen Mystik, Zeitschrift für Islamische Theologie und Reli-gionspädagogik: https://www.hikmaonline.com/cms/sites/default/files/HIKMA%20IV%20Art%204.pdf , Jahrgang 2012, Heft 3 (4), S. 78-86 (letzter Aufruf: 04.06.2022).

[63] Ufuk Öztürk, Einführung in den Sufismus (2) Die Geschichte des Sufismus (1), Forschungszeitschrift über Alevitentum und Bektaschitentum, 2013, Heft 7, S.6.

[64] Ufuk Öztürk, Einführung in den Sufismus (2) Die Geschichte des Sufismus (1), Forschungszeitschrift über Alevitentum und Bektaschitentum, 2013, Heft 7, S.10.

„[...] Doch im Laufe des späten 8. und frühen 9. Jahrhunderts gewannen mystische Tendenzen nach und nach Einzug in die eher sehr pessimistische Grundhaltung der frühen asketischen Frömmigkeit. Einer, der frühen Asketen, dessen Haltung immer mehr mystische Züge annahm, war Shaqiq al Balkhì (gest. 809), ein Asket und Prediger aus Khorasan, dessen Werk "adab al- ibadat" (Die Regeln des Gottesdienstes) als "Grenzlinie zwischen Askese und heranwachsender Mystik" betrachtet werden kann. In diesem Werk beschrieb er erstmals die verschiedenen hierarchischen „Stationen" (manazil) des Suchenden, misstraute der Tragweite der Askese (arabisch = zuhd) und ordnete sie des-halb der mystischen Erfahrungen der Gottesliebe (arab. Mahabba) unter. Auch in Bagdad und in anderen Gebieten der islamischen Welt begegnen wir asketischen Strömungen, die mehr und mehr von der traditionellen Askese Abstand nahmen, sich der Gottesliebe zuwandten und ihr eine immense Wichtigkeit zusprachen. Besonders die legendäre Rabì´a al Adeviyye (gest. 801) ist berühmt für ihre liebesentbrannten Aus-sprüche über ihre überströmende Liebe zu Gott und wird von der Sufi Tradition als ein Vorbild des wahren liebenden Gottes betrachtet. Zur Ergänzung sind in diesem Zusammenhang auch Sumnun (gest. 910-911), mit dem Beinamen der "Liebenden, und Dhu´l- Nun al- Misrí (gest. 861) zu nennen. Dank dieser und anderer Persönlichkeiten gewann das Element der Gottesliebe innerhalb der islamischen Frömmigkeit immer mehr an Bedeutung und wurde nach und nach zu einem der wesentlichen Merkmale der mystisch geprägten Strömung innerhalb des Islam."[65]

Es liegt in der Natur aller Dinge, dass gerade bei so großen Bewegungen wie dem Sufismus, mit der Zeit ungeeignete, unqualifizierte Personen die

---

[65] Vgl. Annemarie Schimmel, *Mystische Dimensionen des Islam. Die Geschichte des Sufismus* (Originaltitel: *Mystical dimensions of Islam*). Insel, Frankfurt am Main 1995, S. 65 m.w.N.

eigentliche Route verfälschen und das Ganze zweckentfremden. Trotz seines unumstrittenen Nutzens für das Individuum, die Familie und Gesellschaft, gab es doch immer wieder Phasen, in denen der Sufismus missbraucht wurde. Auch wenn man es nicht für alle behaupten kann, so haben doch alle großen Sufimeister und Orden von dieser Kritik ihren Teil abbekommen. Ich möchte dazu die Feststellung von Prof. Dr. Günes über die oben erwähnte Ausführung nutzen:

„[...] Seit den Anfängen des Sufismus gab es unter den Muslimen immer wieder heftige Diskussionen über die Vorstellungen und Wahrnehmungen des Sufismus und darüber, ob eine solche Lebensweise mit dem Islam vereinbar sei oder nicht. Einige gehen sogar so weit, dass sie die Menschen, die diese Lebensform wählen, als Abtrünnige bezeichnen. Sie kritisieren und attackieren Anhänger des Sufismus, um den Islam vor solchen Strömungen zu schützen. Vor diesem Hintergrund lassen sich die islamischen Gelehrten in drei Gruppen einteilen: Zum einen gibt es die Befürworter des Sufismus, zum anderen diejenigen, die ihn ablehnen, und schließlich eine dritte Gruppe, deren Mitglieder versucht haben, einen Konsens zwischen diesen beiden Extremen zu finden. Zu den Letzteren gehören u.a. Ǧaʿfar aṣ-Ṣādiq (gest. 148/765), al-Kalābāḏī (gest. 380/990), Ǧunayd al-Baġdādī (gest. 297/909), as-Sulamī (gest. 412/1021), al-Qušayrī (gest. 465/1072), al-Makkī (gest. 386/996), as-Sarrāǧ (gest. 378/988) und al-Ġazālī (gest. 505/1111). Sie alle haben versucht, Vorurteile gegenüber dem Sufismus abzubauen und gleichzeitig aufzuzeigen, dass auch diese Lebensform seine Wurzeln im Islam

hat."[66] Vor allem bei den Ghulat (gáliyye),[67] die in der Schialehre[68] ihren Ursprung haben und als „Extrem" angesehen werden und unter dem Begriff „Batini Auslegung"[69] bekannt sind, gibt es Gruppierungen, die wie Unkraut die Rosengärten des Sufismus belagert haben. Sie tragen viel dazu bei, dass der Sufismus in einem schlechten Licht steht. Dies führte Vielerorts dazu, dass der Sufismus nicht so gedeihen konnte wie es ihm zustand. Mit der Zeit entwickelten die Orden aber ein System von Madrasa, Zawiya und Tekkes.

[...] Im Verlauf des 11. Jahrhunderts begannen sich die Sufis zu organisieren und mit der Etablierung des "Sufi-Konventes" (pers. "khanaqah", arab. "zawiya", türk. "tekke" bzw. "dergah") als Zentrum des mystischen Lebens war der Weg für die Entstehung der ersten Sufi-Orden geebnet. So entwickelten sich im 12. Jahrhundert aus dem lockeren Ansammlungen von Sufis um einen Sufi-Meister die einzelnen "Bruderschaften" bzw. "Orden" (arab. "tariqa"), mit gemein-

---

[66] https://www.hikma-online.com/cms/sites/default/files/HIKMA%20IV%20Art%204.pdf (letzter Aufruf: 19.05. 2022) m.w.N.

[67] https://islamansiklopedisi.org.tr/gulat: Als Ghulât *(gâliyye)* werden nach der islamischen Ansicht solche schiitischen Gruppen bezeichnet, die in der Verehrung der Imame so weit gehen, dass sie ihnen göttliche Eigenschaften beimessen. Diese Art der Verehrung wird Ghulûw genannt (letzter Aufruf: 19.01.2022)

[68] https://islamansiklopedisi.org.tr/sia#1: Im Wörterbuch heißt es *şîa*: "folgen, unterstützen; das Wort *"unter-stützend, hilfsbereit, unterstützend"*, abgeleitet von der Wurzel des *"ein Heiliger sein, sich vermehren"*; Die Gruppe, die sich um eine Person versammelt, um eine Mission auszuführen. Es entstand in Form von politischer Unterstützung für Ali (Neffe des Propheten Muhammeds) und seinen Söhnen und wurde bald zu einer Sekte, die dann in eine Reihe von Gruppen aufgeteilt wurde (letzter Aufruf: 19.01.2022)

[69] Siehe: Ali Avcu, *Horasan-Maveraünnehir'de İsmailîlik,* İstanbul 2018, S. 47-49. Nach Prof. Dr. Ali Avcu bedeutet *Batini Auslegung:* Islami düşünce geleneğinde zahir-batın ayrımı yaparak kurtuluşu bâtında arayan Hermetik-Gnostik karakterli düalist akımların ortak adı haline gelmiştir; Vgl. Ignaz Goldziher, *Streitschrift des Gazali Gegen die Batinijja-Sekte,* Leiden 1916, S. 44-48.

samen Lehren und Praktiken und einer gemeinsamen Methode der geistigen Erziehung.[70]

Diese spirituellen Zentren waren aber auch Magnete der philosophischen Denker. Doch das Zusammentreffen mit dem Hermetismus[71] und des Neuplatonismus[72] bremste eine Zeit lang die Entwicklung der Sufiorden. Viele waren der Meinung, dass die Philosophie nicht mit dem Tawhid-Glauben zu vereinbaren war. Große Meister wie Suhrawardi und Ibn al-Arabi haben genau hier dazu beigetragen, dass eine philosophische Klarheit, Struktur und ein System in den Sufismus verankert worden sind. Hierzu wieder aus dem Text von Prof. Dr. Ufuk Öztürk:

„[...] Während sich die Sufi-Tradition der klassischen Periode des Sufismus in erster Linie mit ethischen und praktischen Themen des mystischen Lebens beschäftigten, nimmt ab dem 12. Jahrhundert die Tendenz zu, den Lehren und Praktiken des Sufismus ein theorethisches und systematisches Fundament geben zu wollen. So entstanden nach und nach Werke, die sich mehr mit der theoretischen Seite des Sufismus beschäftigten. An dieser Stelle sind vor allem die Werke Shihabuddin Suhrawardis (gest. 1191), des "Meisters der Philosphie

---

[70] Ufuk Öztürk, Forschungszeitschrift über Alevitentum und Bektaschitentum, 2013, Heft 7, S.12; http://isamveri.org/pdfdrg/D03540/2012_7/2012_7_OZTURK.pdf m.w.N. (letzer Aufruf: 07.06. 2022)

[71] Die Hermetik ist eine religiöse Offenbarungs- und Geheimlehre, die in der Antike ihren Ursprung findet. Zurückzuführen ist der Name auf die sagenhafte Gestalt des Hermes Trismegistos, einer dem ägyptischen Hellenismus entstammenden, synkretischen Verschmelzung des griechischen Gottes Hermes und des ägyptischen Gottes Thot, der als Verfasser der hermetischen Schriften und als Urvater der Alchemie gilt. Der abendländische Okkultismus und sogar das naturwissenschaftliche Weltbild bis ins 17. Jahrhundert stehen bzw. standen unter dem Einfluss der Hermetik. Sie steht synonym für die Alchemie und die Ganzheit an okkult-esoterischen Lehren, Siehe hierzu: https://www.philoclopedia.de/was-darf-ich-hoffen/religion/hermetik/ (letzter Aufruf: 30.05.2022)

[72] Neuplatonismus: an die Philosophie Platons anknüpfende philosophische Strömung des 3. bis 6. Jahrhunderts n. Chr.

der Erleuchtung" (arab. "sheikh al-ishraq"), und Ayn al-Qudat Ha-madanis (gest. 1131) zu erwähnen. Diese Werke der Sufi- Theorie bzw. des "theosophischen Sufismus" befassten sich jedoch nur mit bestimmten Aspekten des Sufismus und es fehlten ihnen an Vollständigkeit, weshalb es vorrangig das Werk des andalusischen Sufis Ibn al-´Arabi (gest. 1240) war, die Gedankenwelt des Sufismus in einem vollständigen System zusammenzufassen. ´Ibn al-`Arabí, der deshalb auch zu Recht als "shaykh al-akbar" ("der größte Meister") bezeichnet wird, benutzte als einer der ersten Sufis ein philosophisches und theologisches Vokabular in seinem gewaltigen Opus, um sich zu den Fragen zu äußern, die bis dato nur von der islamischen Theologie und der islamischen Philosophie beantwortet wurden. Aus diesem Grund stellen seine Schriften für die meisten Sufis den "Höhepunkt mystischer Theorien" dar. Vor allem seine Lehre des Seinsmonismus bzw. der "Einheit des Seins" (arab. "wahdat al-wujud) und die "Lehre des vollkommenen Menschen" (arab. "al insan al-kamil") fanden eine große Verbreitung innerhalb des Sufismus. Es scheint aber, dass Ibn al-´Arabí schon vorhandene monistische Gedanken aufgegriffen hat, denen man bereits im 9. Jahrhundert begegnet. Es war jedoch sein Verdienst, diese Gedanken zu einem theologisch-philosophischen System auszubauen."[73]

Neben Ibn Arabi ist auch Al Gazzali[74] einer der Sufimeister, der den Sufismus vor den Philosophischen Einflüssen in Schutz nahm. Schon sehr früh erkannte Al Gazzali die Gefahr, dass der Sufismus eine Tür für die Hermetik und des Neuplatonismus darstellte, um in die islamische Gedankenwelt einzufließen. Denn beide hatten esoterische Denkweisen und

---

[73] Ufuk Öztürk, *Forschungszeitschrift über Alevitentum und Bektaschitentum*, 2013, Heft 7, S.13; http://isamveri.org/pdfdrg/D03540/2012_7/2012_7_OZTURK.pdf m.w.N. (letzter Aufruf: 07.06.2022)
[74] Böwering et al., *Ḡazālī, Abū Ḥāmed Moḥammad*, in EIr (Encyclopaedia-Iranica).

befassten sich mit der Mystik wie auch der Spiritualität. Die fehlende Filtration durch den Tawhid-Glauben[75] des Islams und die direkte Übernahme dieser Philosophien hatte nämlich zur Folge, dass eine vermehrtes Auftreten von Sekten wie der Batinijja[76] ausgelöst wurden.[77]

> *Die Tatsache, dass der Islam schon in der Frühphase seiner Ausbreitung rivalisierende Strömungen hervorbrachte, verstärkte den Prozess einer Pluralisierung, die es mystisch oder esoterisch gesinnten Gruppierungen erleichterte, eine eigene Tradition zu bilden. Die religiöse Vielfalt hatte eine Parallele in unterschiedlichen philosophischen Schulen des Islam. Neben der dominierenden Interpretation des Aristoteles durch Avicenna (Ibn Sina, um 980-1037) gab es immer auch neuplatonische Schulen, deren Philosophie gegenüber der Rezeption esoterischer Motive noch aufgeschlossener war. Letztere hatten auch Einfluss auf schiitische Gemeinschaften, auf den Sufismus und die islamische Mystik.*[78]

Um dem zuvorzukommen und dies verhindern zu können, machte er viele Erforschungen, die er in seinen Werken wie Maḳāṣidü'l-felâsife[79] oder Tehâfütü'l-felâsife[80] zusammenfasste. Seine Werke setzen konkrete Grenzen zwischen Philosophie und Metaphysik. Somit verhinderte er, dass der Sufismus aus seiner eigentlichen Linie herausfiel.[81] Außerdem

---

[75] Glaube an die Einheit Gottes.

[76] Vgl. Ignaz Goldziher, *Streitschrift des Gazali Gegen die Batinijja-Sekte*, Leiden 1916, S. 44-48.

[77] Ali Avcu, *Horasan-Maveraünnehir'de İsmailîlik*, İstanbul 2018, S. 291-294.

[78] Kocku von Stuckrad, Was ist Esoterik? Kleine Geschichte des geheimen Wissens, 2004, München, S. 74-75.

[79] Mehr dazu: https://islamansiklopedisi.org.tr/makasidul-felasife (letzter Aufruf: 22.05.2022)

[80] Mehr dazu: https://islamansiklopedisi.org.tr/tehafutul-felasife (letzter Aufruf: 22.05.2022)

[81] Anadolu İlahiyat Akademisi - Doç. Dr. Şamil Öçal über *"Gazali"*: https://www.youtube.com/watch?v=fa1iykB1wWQ (letzter Aufruf: 16.05.2022)

verhinderte er die schädlichen Einflüsse der Philosophie, die gegen einen wahren Tawhid-Glauben sprechen.

Ich möchte hiermit jedoch ausdrücklich hervorheben, dass ich nicht der Meinung bin, dass Al Ghazali gegen die Philosophie und der analytischen Denkweise der Philosophie war. Ein Denker wie Al Ghazali, der die islamischen Wissenschaften so gut kannte, kann sich der Philosophie, die das analytische Denken und die Gedanken als Basis hat, nicht verschließen. Denn auch der Koran ruft immer wieder zum Nachdenken auf.[82] Der Islamwissenschaftler Frank Griffel von der Yale-University, einer der gegenwärtig besten Kenner Ghazalis sagt dazu:

Ghazali hat die Philosophie nie als Ganzes verurteilt oder verworfen. Im Gegenteil, er und andere haben sie gelehrt und damit die aristotelische Tradition im ascharitischen Kalam (das ist die vor-herrschende Theologie-Schule im Islam) begründet. Die Aneignung der Philosophie durch den ascharitischen Kalam wurde durch Ghazalis Werke erst möglich gemacht.

Er hat er es mit seiner feinfühligen Art geschafft, Philosophie und den Glauben in Einklang zu bringen und den richtigen Gebrauch der Philosophie aufgezeigt.

[...] Abū Ḥāmid al-Ġazzālī (gest. 505/1111) vertrat gemäßigte Positionen und bemühte sich darum, die traditionalistisch orientierte Theologie und die islamische Mystik miteinander in Einklang zu bringen.[83]

---

[82] Siehe Beispiel Koran Vers: 6/50 oder 37/155.
[83] Tobias Nünlist, Schutz und Andacht im Islam: Dokumente in Rollenform aus dem 14.–19. Jh., Kapitel 3 Sufismus und Futuwwa, Männerbünde und ihre sozialen und religiösen Bezüge, Reihe: Islamic History and Civilization, Band: 175, Leiden, Niederlande 2020, S. 67.

Jeder, der sich mit dem Sufismus befasst, muss darauf achten, dass er sich nicht in der Esoterik verfängt. Die Regeln des Korans und der Sunna sind auch in diesem Bereich maßgebend und müssen behütet werden. Prof. Günes sagt bei seiner Ausführung „Über die Grundlagen der islamischen Mystik":

> *„[...] Khoury hat diese Tatsache folgendermaßen formuliert: „Das heilige Buch des Islam bleibt der Dreh- und Angelpunkt der islamischen Kultur bis zum heutigen Tage." In allen wichtigen Quellen des Sufismus, wie etwa al-Lumaʿ, Qūt al-qulūb, ar-Risāla al-qušayriyya, Kašf al-maḥǧūb oder Iḥyāʾ, wird darauf hingewiesen, dass der Sufismus mit dem Propheten Muḥammad angefangen hat. Diese Ansicht teilen auch zeitgenössische Autoren wie Schimmel, Chittick, Garaudy, Nasr, Eliade und Couliano. Der große Theologe und Mystiker al-Ġhazālī hat die Meinung der Orthodoxie wie folgt zum Ausdruck gebracht: „Wisse, dass der Schlüssel zum Glück die Befolgung der Sunna und die Nachahmung von Gottes Gesandten in all seinem Kommen und Gehen, seinen Bewegungen und seiner Ruhe, seinem Schlaf und seinem Sprechen ist. Ich sage das nicht im Hinblick auf sein Vorgehen in Fragen religiöser Observanz, weil es keinen Grund gibt, die Traditionen zu vernachlässigen, die darüber vorhanden sind; nein, es hat mit allen Fragen von Gewohnheiten und Sitte zu tun; denn nur so ergibt sich die uneingeschränkte Nachfolge. Gott hat gesagt: ‚Sage: Wenn ihr Gott liebt, folgt mir, und Gott wird euch lieben', 84 und Er hat gesagt: ‚Was der Gesandte euch gebracht hat, das nehmt an, und was er verboten hat, dessen enthaltet euch!'"*[85]

---

[84] Koran, 3/31.
[85] Siehe hierzu: Merdan Günes, Über die Grundlagen der islamischen Mystik The Foundations of Islamic Mysticism", in: HIKMA: Zeitschrift für Islamische Theologie und Religionspädagogik, Universität Osnabrück, Heft 3 (4), 2012, S. 73-90: https://www.hikmaonline.com/cms/sites /default/files/HIKMA%20IV%20Art%204.pdf (letzter Aufruf: 22.05. 2022) m.w.N.

Man sollte sich davor hüten, ohne einen gelehrten Wegweiser alleine in die tiefen Gewässer des Sufismus einzutauchen. Denn jeder Fehler, den man hier begeht, könnte dazu führen, dass man das ganze Kollektiv der Sufiorden in Verruf bringt. Das ist meines Erachtens auch eine kollektive Verantwortung. Genau diese gravierenden Fehler sehen wir im Umfeld und in der Zeit von Ibn Taymiyya[86.] Ich möchte hier festhalten, dass man die salafistische Auslegung und ihre starre Haltung erst verstehen kann, wenn man Ibn Taymiyya gut erforscht. Man kann auch nur dann verstehen, weshalb die heutigen Salafisten den Sufismus und die transzendentale Bereicherung des Sufismus komplett als falsch und außerislamisch darstellen. Eine Denkweise, die sogar in den Versen und in den Hadithen die metaphorischen Gleichnisse als Lüge versteht, kann den Sinn der sufistischen Vorgehensweise nicht verstehen. Da es nicht in den Umfang dieser Arbeit passt, möchte ich nur am Rande zu Ibn Taymiyya und seine Meinung zum Sufismus etwas erörtern.

Dr. Ahmet Yalcin schreibt in seinem Text: "Die Beziehung zwischen salafistischem Denken und Sufismus in Ibn Taymiyya" folgendes:

„Ibn Taymiyya (661/728-1263/1328) stammte aus einer Familie, die der Hanbalitischen Rechtsschulen angehörte und seit mehreren Generationen in der Wissenschaft tätig war. Seine Zugehörigkeit zur Ahl-al Hadith beeinflusste seine Denkweise. Die Probleme der damaligen Zeit und die regelmäßigen Diskussionen, haben ihn auch beeinflusst. Eines der charakteristischen Merkmale von Ibn Taymiyya ist seine kritische Art. Personen, Gruppen oder Ideen, die er entgegen dem Islam ansah, vor allem aber Sufi-Anhänger und Führer stehen an der Spitze der Personen, die seiner Kritik ausgesetzt sind. Wobei Seine Hauptidee bei der Kritik darin lag, die Sufis die

---

[86] Siehe hierzu: https://islamansiklopedisi.org.tr/ibn-teymiyye-takiyyuddin (letzter Aufruf 22.05. 2022)

nicht Islam konform handelten in ihren Handlungen zu verbessern und damit den Sufismus zu" reformieren". Während er mystische, sufistische Themen und Sufimeister, Mystiker kritisiert, offenbart Ibn Taymiyya auch seine eigene Methode und nähert sich dem Thema aus salafistischer Sicht.[87]

Mit Salafistisch meine ich natürlich nicht die As Salaf as-Salihin, also die direkten ersten Generationen nach dem Propheten, sondern die extremistische Auslegung die sich durch Ibn Taymiyya entwickelt hat.[88]

Als Grund für die Unruhen in der damaligen Zeit und in der Spaltung der muslimischen Gesellschaft sah er die Sufis, die mit ihren esoterischen, mystischen Darlegungen keiner Regel folgten.

Ibn Taymiyya hatte Auseinandersetzungen mit den zu seiner Zeit lebenden Sufis. Er widersprach einigen ihrer Ansichten und beschuldigte insbesondere die einfachen Sufis, die den Status des einfachen Volkes hat, Menschen der Bid'ah zu sein.[89]

Die Unbeständigkeit und Extremität im Sufismus, deren Zeuge Ibn Taymiyya wird, veranlasst ihn dazu, dass er ohne zu differenzieren die ganze Sufibewegung verurteilt und angreift. Er greift in seinen Werken viele Sufigrößen an. Die Nicht-Differenzierung der Salafisten rührt auch genau hiervon. Dies führte besonders in der arabischen Welt zu einem großen Verlust des Ansehens des Sufismus. Dr. Ahmet Yalcin formuliert dies mit folgenden Sätzen:

---

[87] Dr. Ahmet Yalçın, *Ibn Teymiyye'de Selefî Düşünce-Tasavvuf İlişkisi,* Kırıkkale Üniversitesi Sosyal Bilimler Dergisi (KÜSBD) Cilt 9, Sayı 1, Ocak 2019, S. 139-156 [übersetzt vom Verfasser]; https:// dergipark.org.tr/tr/download/article-file/656942 (letzter Aufruf: 22.05. 2022)
[88] Siehe mehr dazu: https://www.islamiq.de/2013/06/16/bedeutung-von-salaf-und-salafismus/ (letzter Aufruf: 29.05.2022)
[89] Ebd.,[26] S. 144.

„Ibn Taymiyya, war an den Debatten seiner Zeit mit seiner Festen Ansicht beteiligt. Er übernahm die Methode des Ashâbü'l-Hadîth, die aus der Hanbali-Linie[90] stammt und jegliche Interpretation der Hadithe vermeidet und nur die offensichtliche Bedeutung der Verse akzeptiert. Seine Auseinandersetzungen galten insbesondere dem Bereich der Namen und Eigenschaften Allahs. Seine Kritik und Diskussionen führten ihn letztendlich zur Festnahme. Leider verstarb er in der Burg von Damaskus in Gefangenschaft. Ibn Taymiyya, lebte in einer Zeit in der auch die berühmten Mystiker Ahmed Rufâî (gest. 578/1182), Necmeddin Kübra (gest. 618/1221), Hakim Tirmidhi (gest. 320/932) und Muhyiddin İbnü'l Arabî (gest. 638/1240), lebten. Themen wie die "Einheit des Körpers (Vahdet-i Vucud)" und "Hatmü'l-Evliyâ (der letzte Valiyy)" waren sehr aktuell und bewahrten ihre Vitalität. Der Sufismus verwandelte sich genau zu dieser Zeit zu institutionellen Strukturen und manifestierte sich in Form von Orden. Wir sehen in den historischen Quellen, dass es unter den Sufis sowohl diejenigen gab, die den Weg des Sufismus in Übereinstimmung mit dem Buch und der Sunna gingen, sowie aber auch diejenigen, die in ihrer übertriebenen Liebe zu ihrem Sufimeister, dies fast schon als Teil des Glaubens ansahen.[91]

In der Neuzeit mit ihrer Industrialisierung, dem Kapitalismus und dem Laizismus hingegen, zwangen den „Sufismus", nach Auswegen zu suchen, um trotz des Wandels und der Säkularisierung seinen Platz in der Gesellschaft zu finden. Zunächst sträubte er sich vor der Moderne. Trotz aller Bemühungen wurde der Sufismus immer mehr verdrängt und geriet ins Vergessene. Die Dergahe, welche Orte der Ruhe für die von weltlichen Plagen erschöpften Seelen waren, konnten sich gegen die Moderne nicht

---

[90] Hanbalitische Rechtsschule
[91] Ebd.,[26] S. 141 m.w.N.

halten. Heute fehlt es uns in der islamischen Welt an genau solchen Or-
ten, an denen man sich zurückziehen und sammeln kann. Die christlichen
Orden und Klöster zum Beispiel haben heute immer noch diese Funktion.
Viele haben ihre Tore mittlerweile (neue Entwicklung..) geöffnet und bieten Seelen, die vom Alltagsstress zerrüttet und zerstreut sind, die Möglichkeit in einer ruhigen Atmosphäre zu sich zu kommen.[92] Das Anhalten,
in sich kehren, Rein machen gibt Kraft, um dem Alltag wieder gestärkt
entgegen kommen zu können. Genau diese Funktion hatten auch die
„Dergahe" oder „Tekken". Auch Moscheen mit Rückzugszimmern waren
früher ganz normal. Dies ist meines Erachtens eine sehr große Lücke in
der islamischen Gesellschaft, die leider keine Institutionen oder Räum-
lichkeiten bietet, um sich zu regenerieren. Oft versuchen kleine Gruppierungen solche "Camps" anzubieten. Doch es gibt keine dauerhaften
Möglichkeiten.

Bediuzzaman Said Nursi[93] setzt in seinen Werken den Sufismus mit seinen
Feststellungen und Diagnosen an eine andere Position. Leider wird seine
Aussage oft so bewertet, als ob er gegen den Sufismus wäre. Doch
möchte er eigentlich den institutionellen Sufismus damit aus seiner Ausweglosigkeit befreien. Besonders mit der folgenden interessanten Aussage brachte Bediuzzaman die dringende Notwendigkeit der Anpassung
an die neuen Weltbedingungen mit den institutionellen und inhaltlichen
Erweiterungen des Sufismus zur Sprache und sagte:

---

[92] Siehe mehr dazu: https://stillefinden.org/ (Letzter Aufruf 19.05.2022)
[93] Bediüzzaman Said Nursi, 1878- 1960 geboren in Bitlis wurde er der „gelehrte des Jahrhunderts"
Bediüzzaman genannt. Als er 1960 verstarb, hinterließ er das Risale–i Nur Werk, das aus 138 Büchern besteht und einen Tafsir des Korans ist. Vgl. https://www.timeturk.com/bediuzzaman -said-
nursi/biyografi-790978 (letzter Aufruf: 22.04. 2022)

„Es ist nicht die Zeit für einen Orden, es ist die Zeit, den Glauben zu retten. Es gibt viele Menschen, die ohne Orden in den Himmel kommen, aber niemand kommt ohne Glauben in den Himmel."[94]

Er öffnete dem Sufismus in einer veränderten Weltordnung mit Wegen und Methoden die Tür und bot ihm ein passendes, zeitgemäßes und harmonisches Betätigungsfeld in der Gegenwart.

Keiner der Sufiorden (Tariqats) konnte sich vor dem großen Bruch und der Auflösung im großen Rahmen schützen. Immer mehr entwickelte der Sufismus sich zu einer weltfremden Form, welcher sich den Bedingungen und Anforderungen der Zeit nicht anpassen konnte. Obwohl die Sufiorden früher mit ihren Handwerkszünften und Gilden mitten im Leben standen, stellten sie nun lediglich Ansammlungen dar, die der zeitgenössischen Entwicklung nichts entgegen zu bringen schienen. Die neue Weltordnung und der Untergang des osmanischen Reiches im ersten Viertel des 20. Jahrhunderts und die daraufhin folgende Gründung der türkischen Republik (am 29.Oktober 1923) unter der Führung von Mustafa Kemal Atatürk besiegelte auch den Untergang der großen Ära des Sufismus. Die Unfähigkeit des institutionellen Sufismus, mit den sich schnell ändernden Lebensbedingungen Schritt zu halten einerseits und seine Unfähigkeit, seine innere Vitalität zu bewahren andererseits, führte dazu, dass er in den Hintergrund gedrängt wurde, indem er in einen Teufelskreis gezogen wurde. Die Degeneration und Auflösung des Sufismus im Kontext der letzten Periode des „Osmanischen Reiches", das das Kalifat repräsentierte, wirkte sich ohne Verzögerung negativ auf die gesamte islamische Welt aus. In den ersten Jahren des Übergangs vom Osmanischen Reich zur Republik Türkei wurde dieser Irrweg mit dem Gesetz[95]

---

[94] Bedizzaman Said Nursi, *Emirdağ Lâhikası*, Germany 1994, S. 28.
[95] Siehe mehr dazu: Hukuk tarihi, https://hukukbook.com/tekke-zaviyelerin-kapatilmasi-kanunu/ (letzter Aufruf: 04.03. 2022)

zur Schließung von Derwisch-Logen und Zawiyas (religiöser Rückzugsort) beendet. Anstatt diese verwurzelte, traditionsreiche Institution zu reformieren und zeitkonform aufrecht zu erhalten, wurde sie verboten, vernichtend verfolgt und in Verstecke zurückgedrängt.

„[...] Zawiya, Tekke und Derwischlogen, die einen wichtigen Platz im osmanischen Gesellschafts- und Bildungsleben einnahmen, degenerierten im Laufe der Zeit und verursachten Spaltungen und Gruppierungen im sozialen Bereich. Mustafa Kemal Atatürk, der das Ziel verfolgte, eine zivilisierte und fortgeschrittene Nation aufzubauen, schaffte die Institutionen wie Logen, Zawiyas, Mausoleen und Orden ab, die er als Hindernisse auf dem Weg der Zivilisation für die Gesellschaft ansah, indem er das Gesetz zur Schließung von Tekke und Zawiyas erließ. Das Gesetz über die Schließung von Tekke und Zawiyas wurde durch das Gesetz Nr. 677 am 30.11.1925 angenommen und trat nach der Veröffentlichung im Amtsblatt vom 13.12.1925 in Kraft. In einer Rede, die er am 30. August 1925 in Kastamonu hielt, gab Atatürk das Signal zur Schließung von Schreinen, Tekke und Zawiyas und zur Abschaffung von Orden, in dem er sagte: „Bei den Toten um Hilfe zu bitten, ist ein Makel für eine zivilisierte Gesellschaft. Meine Herren und Leute, wissen Sie, dass die Republik Türkei kein Land der Scheichs, Derwische, Jünger und Verrückten sein kann. Der genaueste, echteste Weg, ist der Weg der Zivilisation!". Ab diesem Zeitpunkt war es nicht mehr gestattet sich mit jeglichen Sufianreden (Sheich, Sufi, Murid) zu titulieren oder auch nur die Kleidung der Sufis zu tragen.[96]

Es ist zu vermerken, dass in der heutigen Welt der Sufismus nicht sehr positiv betrachtet und nur unzureichend genutzt wird. Egal, wie sehr sich die Zeit und die Umstände ändern, das Bedürfnis der Seele, des Herzens

---

[96] https://hukukbook.com/tekke-zaviyelerin-kapatilmasi-kanunu/ (letzter Aufruf: 04.03. 2022)

und der Emotionen nach dem Transzendentalen ändern sich nicht und nehmen sogar zu. Auch die spirituellen Bedürfnisse eines gesunden Körpers sollten auf gesunde Weise gedeckt werden. Daher ist die Notwendigkeit des Sufismus konstant und dauerhaft. Denn so verlangt es unsere Schöpfung und Natur. Diese Not und geistliche Verbundenheit zeigen sich am deutlichsten in Krankenhäusern, Gefängnissen und auf Friedhöfen – bei Beerdigungen.

2.1 Ziel des Sufismus

Es kann gesagt werden, dass das Ziel des Sufismus darin besteht, den Menschen mit Tugenden auszustatten und ihn mit einem guten Charakter zu schmücken. In diesem Zusammenhang sagte der Prophet: *„Ich wurde nur gesandt, um den guten Charakter (Ahlaq) zu vervollständigen."* [97] Durch seine Aussagen wies er auf die Seelenreifung hin. Da die Reifung der Seele eng mit der spirituellen Reinheit des Herzens verbunden ist, ist das primäre Ziel des Sufismus das Herz und seine Reinheit. Um die Wichtigkeit der Reinheit des Herzens zu betonen, sagte der Prophet Muhammad, der Gesandte Allahs: *„Wisse gut, dass es ein winziges Stück Fleisch im menschlichen Körper gibt. Wenn dieses Stück Fleisch gut ist, ist der ganze Körper gut. Wenn es korrumpiert ist, ist der ganze Körper korrumpiert. Dieses Stück Fleisch ist das HERZ."*[98] Die Quelle des Sufismus ist der Koran und das praktische Leben des Propheten Muhammed. Der Sufismus basiert auf diesen beiden soliden Grundlagen. Der Hauptzweck dieser unfehlbaren Führung (der Koran und der Prophet) ist es, Menschen ein gottgefälliges Leben zu lehren und durch die Selbstreifung ihm ein reines Herz zu geben.

Jede bewusste Seele, die ihre Augen in dieser Welt öffnet, wird mit den Fragen des Seins und dem Sinn konfrontiert. Diejenigen, die auf der Suche sind, erkennen, dass sie sich früher oder später auf das Ziel konzentrieren und ihr Leben gemäß den Zwecken ihrer Schöpfung organisieren müssen. Generell bewerte ich das Wissen, welche die Religionen - insbesondere monotheistische Religionen - den Menschen in diesem Zusammenhang anbieten, als Gebrauchsanweisungen für ihr Leben. Das Weisheiten welches die Religionen vermitteln, haben die Eigenschaft, uns

---

[97] Siehe: Imam Mâlik, Muvatta (Tercümesi), Güzel Ahlak, IV. Band, Istanbul 1994, S. 4/253.
[98] https://hadislerleislam.diyanet.gov.tr/sayfa.php?CILT=3&SAYFA=55 (letzter Aufruf: 30.05. 2022)

Menschen zu leiten und ihre Identität zu formen. Es verleiht ein Zugehörigkeitsgefühl. Es spricht von einem Schöpfer, der die Macht hat, die Zahnräder in diesem Universum zu drehen. Mit anderen Worten, der absolute Herrscher und Versender der Nachrichten, spricht zu uns durch die heiligen Bücher. Er stellt sich vor, indem er uns seine perfekte und einzigartige Kunst im Universum zeigt. Damit die Nachrichten richtig und gesund verstanden werden, sendet er Wegweiser in Form von Propheten mit unterschiedlicher Ausrüstung. Solange diese Propheten, die die Lehrer und Führer der Menschheit sind, mit ihrem Wissen und Wirken unter uns bleiben, versorgen sie uns mit dem Wissen und stärken die Bindung zwischen uns und dem Schöpfer.

Im Koran warnt uns Allah davor, den Werkzustand unserer Schöpfung zu verfälschen und weist auf den Hauptfeind hin, dessen Aufgabe es ist diesen reinen Zustand zu vernichten. Der Satan wird im Koran als eines der wichtigen Faktoren genannt, die den Menschen vom Zweck seiner Schöpfung abbringen. In verschiedenen Kontexten des Korans wird das Phänomen des Teufels und dieses grausamen menschlichen Feindes erzählt, um die Aufmerksamkeit auf ihre Intrigen zu lenken:

„Habe Ich euch, ihr Kinder Adams, nicht geboten, nicht Satan zu dienen - denn er ist euer offenkundiger Feind."[99]

Während der Koran über die Gefahren der Seele spricht, beschreibt er den Propheten Yusuf (Friede sei mit ihm) als einen der Propheten, die den schwersten Prüfungen unterzogen wurden, und lässt uns mit den folgenden göttlichen Ausdrücken erfahren, wie er sagte:

---

[99] Koran: 36-Yasin 60.

„Und ich spreche mich selbst nicht frei. Die Seele gebietet fürwahr mit Nachdruck das Böse, außer das mein Herr sich erbarmt. Mein Herr ist Allvergebend und Barmherzig"[100]

Der Koran weist auf die Existenz des Nafs und ihrer übermäßigen Begierden und mahnt zur Vorsicht. Nafs und der Shaitan sind Faktoren, die von innen und außen in das System eingreifen wollen. Allah rät uns wachsam zu sein, um Gefahren die von dort drohen, vermeiden zu können. Die Aufmerksamkeit wird auf die Zerbrechlichkeit unserer spirituellen Natur gelenkt.

Besonderer Wert wird auf die Funktionsfähigkeit und auf den Facettenreichtum unserer Emotionen, Gedanken und Fähigkeiten gelegt. Es wird berichtet, dass dieser spirituelle Mechanismus in unserem Körper, wenn er richtig und angemessen verwendet wird, die Eigenschaft hat, uns vor allen Arten von Gefahren im weltlichen Leben zu schützen.[101] Nur so kann der Mensch zum „Insan-i Kamil" werden, zum vollkommenen Menschen.

Die Notwendigkeit, unseren materiellen und geistigen Körper, gemäß dem Zweck seiner Schöpfung zu lenken, macht sich in jedem Moment bemerkbar. Denn indem Allah uns in diesem vorübergehenden weltlichen Leben aus dem Nichts erschaffen und auf die Bühne der Existenz gebracht hat und uns Prüfungen unterzogen hat, hat er uns ermöglicht, darin zu reifen. Im Koran und durch den Propheten wird uns die frohe Nachricht übermittelt, dass wir nach dem Tod auferstehen werden und uns Orte voller Überraschungen erwarten, in denen wir ein glückliches Dasein erleben werden.[102]

---

[100] Koran: 12-Yusuf 53.
[101] Koran: 50-Kahf 32.
[102] Koran: 2-Bakara 25, 9-Tauba 21, 10-Yunus 64.

Genau in diesem Zusammenhang kamen die Sufimeister dem alleine mit dem Reifungsprozess überforderten Menschen zur Hilfe. Der Sufismus bietet den Menschen Chancen und Möglichkeiten mit ihren Erfahrungen, den Koran und in die Sunna in ausgewogener Weise in ihr Leben zu integrieren. Das Ziel des Sufismus ist es mithin, dem Diener zu ermöglichen, sein Bewusstsein im Dienste Allahs zu erreichen, indem er die Fähigkeiten des Herzens betätigt. Wenn man sich selbst kontrolliert und die transzendenten Signale vom Himmel richtig wahrnimmt, kann man die Schleier der Achtlosigkeit (gaflet) durchqueren und sich ihm mit seinem ganzen Sein hingeben.

2.2 Methodik des Sufismus

Wie ich schon im Kapitel „Ziel des Sufismus" erwähnt habe, stellt das Herz den Mittelpunkt im Sufismus dar.[103] Das Herz wird geläutert und gereinigt in dem das Nafs gebändigt wird. Das Herz ist eigentlich ein sehr umfassender Begriff. Es stellt den Fortbestand des Lebens sicher, indem es ein Leben lang unermüdlich Blut durch den menschlichen Körper pumpt. Gleichzeitig wurde das Herz in allen Kulturen und Traditionen in den Mittelpunkt des Lebens gerückt, indem ihm viele Bedeutungen verliehen wurden. Es wird als Metapher verwendet, um außerordentliche und lebenswichtige Verbindungen in Sprache und Gefühlen auszudrücken. Durch ständige Bezugnahmen auf die spirituelle Dimension des Herzens sowie auf seine materielle Existenz wird betont, dass es ein Organ ist, das tiefe und subtile Bedeutungen wahrnimmt und das Zentrum der Emotionen ist.[104] Das Herz mit all seinen Aufgaben zu umschreiben, würde diese Arbeit wiederum sprengen. Deshalb werde ich über das Merkmal des Herzens eingehen, welches im spirituellen Bereich in der Seelsorge seine Bedeutung hat.

In den Seelsorgegesprächen ist das spirituelle Herz immer mitbeteiligt. Da das spirituelle Herz und seine Funktionen eng mit dem Thema meiner Arbeit verbunden sind, möchte ich daher in diesem Zusammenhang eine begrenzte aber wichtige Perspektive darauf geben.

Der islamische Sufismus ist, wie bereits schon erwähnt, eine spirituelle Erweiterung und Reise, die darauf abzielt, die Wahrheiten im Kontext des Glaubens auf der Ebene von haqq al-yaqīn (Wahrheit der Gewissheit)

---

[103] Raid Al-Daghistani, Epistemologie des Herzens: Erkenntnisaspekte der islamischen Mystik, Köln 2017, S. 203, 36.
[104] Vgl. https://www.forschung-frankfurt.uni-frankfurt.de/83884019.pdf (letzter Aufruf: 08.06. 2022).

wahrzunehmen.[105] Der Weg des Sufismus beginnt demnach im Herzen und führt zu den subtilen Geheimnissen der Liebe zu Gott. Da das Herz und die damit verbundenen Gefühle als der Ort akzeptiert werden, an dem der Glaube in der Religion wahrgenommen wird, wird der Reinheit des Herzens große Bedeutung beigemessen.[106] Im Koran ermahnt Allah und in der Praxis unterstreicht der Prophet die Bedeutung der Reinheit des spirituellen Herzens.[107] In der Vergangenheit haben aktive Muršhīds, die sich mit dem Sufismus auf diesem Gebiet befassten, Wege aufgetan, die in der Balance von Koran und Sunna, zuerst die Herzen der Bedürftigen von den weltlichen und satanischen Gefahren in Sicherheit gebracht haben, um dann die spirituellen Enthüllungen und die Transzendenz wahrnehmen zu können.[108] Von den Sufimeistern wurden alle Vorkehrungen getroffen, um die Pflege des Herzens zu fördern.

Pir Zia Inayat Khan erklärt dies mit folgenden Worten: „Das Herz ist das erste Organ, das sich im Embryo bildet. Alle anderen Organe entstehen aus ihm. Zusammen mit dem Rhythmus unseres Atems ist der Rhythmus unseres Herzschlags die innere Musik unseres körperlichen Lebens. Das Herz ist in unserem Körper das wichtigste Instrument des Fühlens. Man fühlt, wie es sich weitet, wenn man glücklich ist und wie es sich zusammenzieht, wenn man Schmerz erleidet. Bewusstheit nährt das Herz. Gegenwärtigkeit ist wie ein frischer Regenschauer: Wenn er fehlt, schrumpelt das Herz zusammen

---

[105] Siehe: Die Grundlagen des Glaubens im İslam, https://www.islamreligion.com/de/category/50/die-sechs-saulen-des-glaubens-und-andere-islamische-glaubensgrundlagen/ (letzter Aufruf: 10.05.2022)
[106] Koran: 26- Schuara 88-90.
[107] Koran: 2-Bakara 97.
[108] Raid Al-Daghistani, Epistemologie des Herzens: Erkenntnisaspekte der islamischen Mystik, Köln 2017, S.34.

wie eine vertrocknete Wurzel; wenn er fällt, kann die Herzwurzel ihre Blätter entfalten.[109]

Die Geschichte des Herzens beginnt mit der Erschaffung des Menschen in Alem-i ervah, also als die Seelen erschaffen worden sind und noch nicht die Welt betraten. Dieses Ereignis wird das Bezmi Elest genannt. Im Koran erwähnt Allah das *„Bezmi Elest"*[110] und bestätigt:

"Und als dein Herr aus den Kindern Adams, aus ihren Rücken, ihre Nachkommenschaft nahm und sie gegen sich selbst zeugen ließ: "Bin Ich nicht euer Herr?" Sie sagten: "Doch, wir bezeugen (es)!" (Dies,) damit ihr nicht am Tag der Auferstehung sagt: "Wir waren dessen unachtsam"[111]

Die Sufitradition besagt, dass der Mensch seit er das Versprechen am Tag der Erschaffung seiner Seele gegeben hat, nach der Liebe zu Allah dürstet. Denn der Mensch konnte seinen Schöpfer sehen und spüren. Doch vergas die Seele diesen Moment als es in die weltliche Hülle des Körpers trat. Nur wenn der Mensch Gott gedenkt und sich in Dhikr vertieft, kann er die Erinnerung wiedererlangen. Deshalb ist eines der wichtigsten Bestandteile des Sufitums das Dhikr. Das Herz, das diesen Moment nie vergessen hat, dürstet nach der Nähe Allahs und ist nur dann zufrieden, wenn es sich im Dhikr Allah nähert und eins wird mit seinem Herrn.[112] Für Sufis bedeutet Dhikr, sich demnach an das „Bezmi Elest" und das dort gegebene Versprechen zu erinnern. Pir Zia Inayat Khan erklärt dies mit folgenden Worten:

---

[109] Nadja Rossmann, https://www.evolve-magazin.de/mystik-des-herzens/, 2017. (letzter Aufruf: 29.05.2022)
[110] Siehe: https://dergipark.org.tr/tr/download/article-file/522647 (letzter Aufruf: 11.02.2022)
[111] Koran: 7-A'raf 172.
[112] Koran: 13-Rad 28.

"Die wesentlichste Sufi-Praxis ist Dhikr, das bedeutet Erinnerung. Sie wird mit einer schwingenden Bewegung oder still vollzogen, mit Stimme oder mithilfe des Atems. Es ist eine Handlung, bei der Zeugnis von der Gegenwart des Geliebten abgelegt wird, der Präsenz des Einen. Wenn diese Übung wirklich lebendig ist, dauert sie in Stille fortwährend und in allen Situationen an und verkündigt ohne Unterlass die Gegenwart des Freundes (Allah)."[113]

Der Sufismus reinigt mit seinen Wegen und Methoden, zuerst die Seele von spirituellem und geistigem Schmutz und stellt es in den Dienst des Herzens. Die spirituelle Reise bestärkt den Glauben des Sufis/Murid in dem es ihm geheime Informationen und Enthüllungen schenkt und damit sich Allah nähert. Raid Al-Daghistani drückt diese Beziehung zwischen Murīd und Muršhīd in seinem Buch, wie folgt dar:

„[...] Da vor allem die Anfangsstadien des mystischen Weges sehr schwierig sind, ist ein authentischer und sicherer geistiger Aufstieg ohne einen Sufi-Meister (Scheich) fast unmöglich. Scheich „konnte aber nur jemand werden, der den mühsamen Pfad selbst gegangen war und daher die Erfordernisse jeder Stufe selbst kannte."

Das Verhältnis zwischen „Meister" und „Schüler" stellt eine Eigendynamik der islamischen Mystik dar. So unterscheidet al-Qušayrī zwischen Sufi und mutaṣawwif. Während der Sufi ein Anhänger des Sufismus ist, ist der mutaṣawwif jemand, der auf dem Weg dazu ist, ein Sufi zu werden. Innerhalb des Sufismus unterscheidet man allgemein auch zwischen Murīd und Muršhīd. Der Murid ist jemand, der mit dem sufischen Weg erst begonnen hat. Er ist „geistiger Lehrling" in den sufischen Disziplinen, jemand, der den sufischen Pfad betreten hat. Hat er ausreichendes Wissen erworben und sich

---

[113] Nadja Rossmann https://www.evolve-magazin.de/mystik-des-herzens/, 2017. (letzter Aufruf: 29.05.2022)

bestimmte Eigenschaften angeeignet, gelangt er zu höherer Stufe und wird zum Murād – er wird zum Erfahrenen. Erst wenn der Murīd den Weg der Selbst-Transformation bestritten hat, kann er ein murād, ein echter Sufi, werden. Der Murād ist daher jemand, der schon einen festen spirituellen Zustand erreicht hat und dessen Qualifikationen von den anderen Sufis anerkannt werden. Der Murād (oder auch Muršhīd) ist der Führer auf dem mystischen Pfad, derjenige also, der die Gottessuchenden auf dem Läuterungs- und Erkenntnisweg leitet und betreut.[114]

Der Sufismus bewegt sich auf einem ganz speziellen Pfad und bietet Antworten auf Fragen wie: „Wie kann man das Nafs disziplinieren? Wie kann man schlechte Gewohnheiten loswerden?" Es wurden Methoden daraus angefertigt, die heilsame spirituelle Rezepte für die hilfesuchenden Menschen darstellen. Unter dem Begriff 'mugāhadat an-nafs' (Selbstdisziplinierung der Seele) beginnt daher mit dem Eintritt in den Orden das Studium und die Kontrolle von sämtlichen Auswüchsen der menschlichen Natur. Raid Al-Daghistani erklärt dies mit folgenden Worten:

„Das Läuterungstraining, das aus Überwindung der Leidenschaften, Zügelung der Begierden, Kultivierung der Eigenschaften und Befreiung von den schlechten Gewohnheiten besteht, wird somit im Sufismus zu einer Methode der Erleuchtung"[115]

Im Islam gibt es schwerwiegende Gründe, welche die Muslime dazu zwingen, in den gegenwärtigen Weltverhältnissen sensibel und achtsam zu leben. Nach sufistischem Verständnis hält der Mensch durch seine

---

[114] Raid Al-Daghistani, *Epistemologie des Herzens: Erkenntnisaspekte der islamischen Mystik*, Köln 2017, S. 33-34.
[115] Ebd., S.35- 36.

69

Schöpfung in seinem Wesen die göttliche Substanz in sich. Daghistani fasst dies in dem Satz zusammen:

„Metaphysisch gesehen handelt es sich dabei um die Rückkehr des Menschen in die Einheit des Seins, d.h. in den Zustand der Untrennlichkeit des Seelenkerns des Menschen vom göttlichen Ursprung."[116]

Gott schuf den Menschen nach dem Ahsen-i-Takwim: *„Wir erschufen den Menschen in bester Gestalt"*[117] und schickte ihn zum Zwecke der Prüfung in diese Welt. In diesem Zusammenhang hat der Mensch als einziges Wesen die Fähigkeit, zwischen Böse und Gut; unendlich sinken oder unendlich aufsteigen zu können.[118] So haben bspw. Engel nur die Fähigkeit, Gutes zu tun und können in keiner Weise rebellieren oder sich den Vorschriften widersetzen. Satan hingegen hat sich selbst darauf programmiert, aus eigenem Willen Böses zu tun und hat die Türen für alle Arten von Güte und Gutem verschlossen.[119] Daher hat der Teufel seine Ruhe und seinen inneren Frieden vollständig verloren, da er sich in einer Hochspannungs-, Wut- und Eifersuchtskrisenpsychose eingeschlossen hat. Der Mensch vereint in sich von seinem Nafs her eine teuflische Seite und von der Seele her eine engelhafte Seite.[120] Aus diesem Grund hat der Mensch einen mehrdimensionalen und variablen Charakter. Viele Menschen sehen sich demnach als nur aus den Nafs bestehend und vergeuden ihr Leben, indem sie ihr folgen. Es gibt jedoch viele Stufen unserer Seele, die je nach Schweregrad äußerer Reize und Faktoren, Gestalt annehmen. Wenn wir zum Beispiel auf jemanden wütend sind, befiehlt die

---

[116] Ebd., S.61.
[117] Koran: 95-Tin 4.
[118] Ebd., Ahsen-i Takvim (schönste Gestalt) - Esfel-i Safilin (die niedrigste Tiefe).
[119] Koran 7-Araf-12-17.
[120] Raid Al-Daghistani, Epistemologie des Herzens: Erkenntnisaspekte der islamischen Mystik, Köln 2017, S. 237.

Nafs-i Ammare[121] (böses gebietendes Nafs) Vergeltung zu nehmen, zu schlagen oder zu verletzen. Wenn wir einen armen oder bedürftigen Menschen sehen, inspiriert es unsere Seele zu helfen, während der Nafs (oder der Teufel) uns rät, den Kopf zu wenden und uns befiehlt, geizig zu sein. Die menschliche Seele, die solch barmherzigen und satanischen Eingebungen offen gegenübersteht, befindet sich angesichts solcher Situationen oft in einem Dilemma. Da all diese Gedanken gleichzeitig in einem Menschen zusammentreffen können, ist es schwer zu entscheiden, welchen wir zuhören und folgen. Wie unterscheiden wir zwischen einer Stimme, die in uns oder in unser Herz fällt, ob sie den Nafs und Shaitan oder der göttlichen Inspiration gehört? Hier bietet uns der Sufismus praktische Methoden und Prozesse, um unseren Geist zu stärken und unseren spirituellen Körper stark zu machen, indem wir eine unterscheidende oder filternde moralische Sensibilität gewinnen und unsere Seele unter Kontrolle bringen.

Bei der Erziehung der Menschen nutzen die Sufiorden (Tariqats) zwei Hauptmethoden. Die erste wird „Nafsânî"[122] genannt und die zweite wird „spirituelle" Methode genannt. Gemäß der Nafsânî-Methode wird versucht, das Nafs auch die Tierische Seele genannt, durch "djihad-i akbar"[123] zu schwächen, was mit Riyâzat (Abgeschiedenheit), Fasten und fortwährendem Gebet geschieht. Da sie die Übereinstimmung/Harmonie mit den Nafs als Gegensatz und unvereinbar mit Allah verstehen, nahmen sie den Widerstand gegen die Nafs als ihr grundlegendes Prinzip an und sagten: „Nicht was das Nafs wünscht und gebietet, sondern das Gegenteil

---

[121] Siehe im Koran: 12-Yusuf 53.; Nafs `ammāra ist 1. Stufe der spirituellen Seelenwandlung des Menschen, die über das Schlechte und Böse gebietende Seele, dem „sinnlichen Ich" entspricht.
[122] Nefsani: dem Nafs angehörend.
[123] Djihad Akbar: Die Anstrengung auf dem Weg Gottes. https://islamansiklopedisi.org.tr/cihad (letzter Aufruf: 29.03.2022)

davon ist das richtige."[124] Also zusammengefasst wird die Seele durch das Minimieren von Essen, Schlafen, Reden und Zurückziehen geschwächt und ihr Widerstand gebrochen und andererseits die Seele und der Geist durch Hingabe, Anbetung, Gehorsam, Dhikr und Kontemplation gestärkt. Das Nafs zu unterwerfen und zu disziplinieren, ebnet den Weg um zu einem guten Diener zu werden. Durch Leiden, Abstinenz und Rückzug, also durch das Brechen des Widerstands des Nafs, kann das Verlangen zu sündigen und Böses zu tun, nicht ausgerottet oder vollständig zerstört werden. Auf jeden Fall ist es nicht das Ziel, solche Gefühle zu töten und zu zerstören. Wichtig ist, solche schlechten Gefühle und Neigungen zu neutralisieren und die Herrschaft des göttlichen Willens, über das menschliche Herz und Gewissens sicherzustellen. Der Murid diszipliniert sich selbst. Das ist gemeint mit den Sätzen „sterben, bevor du stirbst *(Mûtû Kable En Temûtû)"* und *„zum Nichts werden"* (Entwerden/Fena).[125] Da die Natur des Nafs unbekannt ist und die unbändige, unkalkulierbare Art, macht die Leuterung des Nafs nur mit der Führung eines Erleuchteten Meisters möglich.

Die andere Methode der Seelenschulung ist die spirituelle Methode. Gemäß der spirituellen Methode wird der Anwärter (Salik)[126] durch den „spirituellen" Pfad zur vuslat[127] (Vereinigung mit Gott) geführt. Wie es in dem Vers *„Als ich seine Schöpfung vollendete und ihm einen Geist anhauchte [...]"*[128] ausdrückt, nahm die von Gott eingehauchte Seele, beim Eintritt in den Körper die Dichte, Undurchsichtigkeit, Verschmutzung des Körpers

---

[124] Süleyman Uludağ, *Tasavvufun Dili I*, Mavi Yayıncılık, İstanbul 2006, S. 21; Ebu'l-Alâ Afîfî, *Tasavvuf: İslam'da Manevî Hayat*, İz Yayıncılık, İstanbul 1996, S. 124-127.
[125] Uludağ, Ebd., S. 22.
[126] Salik: Der Anwärter für die sufistische Reise. Siehe mehr dazu: https://islamansiklopedisi. org.tr/suluk--tasavvuf (letzter Aufruf: 30.03.2022)
[127] Der Salik vereint sich am Ende seiner spirituellen Reise mit der Wahrheit, Das Zerschmelzens, Eins werden, Fena. Siehe mehr dazu: https://islamansiklopedisi.org.tr/vusul (letzter Aufruf: 30. 03.2022)
[128] Koran: 15-Hicr 29; 38-Sâd 72.

an und blieb fern davon, Gott und seine Liebe zu sehen. Um all diese Hindernisse zu beseitigen, wird durch Anbetungen, Dhikr, Gedenken die Hingabe, Unterwerfung und die Verbindung zu Allah gestärkt. Bei dieser Methode gibt es keine langfristige Abgeschiedenheit, Tortur und durchgehender Kampf wie bei der Nafsani-Methode. Die Stärkung der Seele wird in den Vordergrund gerückt und damit die Vorherrschaft über den Nafs sichergestellt. Daher gibt es in der spirituellen Methode kein „Leiden". Anstatt zu leiden, werden gute Taten vollbracht, um die Seele zu reinigen und sich an das im „Elest Bezm" gegebene Versprechen zu halten. Auf diese Weise wird das Nafs der Seele untergeordnet. Der Murid vervollständigt seine spirituelle Reise (Suluk), indem er verschiedene Stufen durchläuft: Herz, die Seele, den Geist, Das Geheimnis(Sirr), Die Erleuchtung (Nur), ahfâ (Eine Ebene der Vertiefung und Reinigung des Herzens), letâif-i nafs (feinstoffliche Wesen des Nafs), letâif-i küll (feinstoffliches Wesen des Ganzen), und murâqaba (Achtsamkeit, Wachsamkeit) durchläuft.[129] Die spirituelle Methoden weisen den Murid an, sich selbst immer unter Beobachtung zu halten, zu versuchen, die Zustimmung Allahs zu erlangen und sein Herz in eine göttliche Position zu bringen, indem er sein Herz bei jedem Atemzug und bei allem, was er tut, kontrolliert.[130]

Tatsächlich ist das folgende Gebet des Gesandten Allahs der beste Ausdruck dafür: *"O Allah, überlasse mich nicht für einen Wimpernschlag oder sogar für eine kürzere Zeit mir selber!"*[131]

---

[129] Raid Al-Daghistani, Epistemologie des Herzens: Erkenntnisaspekte der islamischen Mystik, Köln 2017, S. 220.
[130] Raid AL Daghistani, Al-Ghazālī und die transzendentale Anthropologie: Die Sufis betrachten das Herz als das einzige Organ, das göttliche Licht empfangen und reflektieren kann, deswegen muss man sich ständig um dessen Läuterung bemühen.
[131] Ebu Davud, Edeb, 100-101.

Es ist unmöglich, sich der Falle des Nafs sicher zu sein. Der Kampf mit dem Nafs, das als Djihad-i akbar (großer Djihad) gilt, ist schwierig. Die religiöse Introspektion ist eine der wichtigsten Voraussetzungen dafür, dass ein Mensch mit sich und seiner Umwelt im Einklang leben kann. Es wird berichtet, dass der Gesandte Allahs nach einem Krieg sagte: "Jetzt kehren wir mit unserem Nafs in den Krieg zurück, vom kleinen Djihad zum großen Djihad!"[132] In einem anderen Hadith sagte der Prophet Muhammad über die Bedeutung des Jihad mit den Nafs: „Ein Mujahid (Kämpfer) ist eine Person, die Djihad gegen seine Nafs macht."[133] In einem anderen Hadith heißt es: „Ein weiser Mensch ist jemand, der Selbstbeherrschung hat und für das Leben nach dem Tod arbeitet, indem er dies berücksichtigt, während ein Narr jemand ist, der in dieser Situation auf das Gute hofft, obwohl er seinen eigenen Wünschen unterliegt."[134] Der Gesandte Allahs sagte: "Der furchterregendste deiner Feinde ist dein Nafs, das zwischen/in dir ist."[135] Der Nafs ist der stärkste der spirituellen Feinde in Bezug auf Widerstand und Entschlossenheit. Djihad mit den Nafs ist deshalb eben „Akbar" also groß, weil er letztendlich darauf abzielt, die Seele Gott geläutert zu übergeben.

Der institutionelle Sufismus hat seine Daseinsberechtigung bewiesen, indem er Einzelpersonen eine qualitativ hochwertige Ausbildung und Praxis im Kontext zu Koran und Sunna, geboten hat. Mit der sufistischen Angehensweise und Methodik, die es mit der Zeit entwickelte, nahm es seinen aktiven Platz im gesellschaftlichen Leben ein und löste externe wie interne Probleme. Im Prozess des schnellen Wandels und der Transformation der neuen Bedingungen der moderne, die das 18. Jahrhundert

---

[132] Siehe: Süyûtî, II, 73; Münâvî, *Feyzü'l-kadîr şerhu'l-câmii's-sağîr*, Beyrut 1994, III, 141/2873; Ali el-Müttakî, IV, 430/11260.

[133] Tirmizi, Fedâilü'l-Cihâd, 2/1621; İbn Hanbel, VI, 20.

[134] Tirmizi, Kıyâmet, 25/2459; İbn Mâce, Zühd, 31.

[135] Keşfü'l-hafâ, I, 143 (Beyhakî'den).

mit sich brachte, blieb jedoch in der heutigen modernen Welt kein Raum mehr für den institutionellen Sufismus.[136] In einigen islamischen Ländern wurde er sogar abgeschafft, indem er verboten wurde. Wenn wir aus dieser Sicht auf das 21. Jahrhundert und die heutige Welt blicken, sehen wir, dass der institutionelle Sufismus nicht auf der Tagesordnung steht. Wir werden jedoch vermehrt Zeugen davon, dass der klassisch orientierte aber moderne neue Sufismus, welches sich im Schoß der Moderne, auch durch die Kritik der Vergangenheit, entwickelt hat, sich auf eine soziokulturelle Ebene bewegt hat und dort sich mit einer postmodernen Strukturierung bemerkbar macht.

Ich denke, dass "Seelsorge" ein funktionaler Teil dieser Veränderung und Transformation unter den heutigen Bedingungen und im Kontext des institutionellen Sufismus sein kann. Die „muslimischen Seelsorger", die Menschen in Not oder auf der Suche nach Hilfe sind in Institutionen und Organisationen wie Krankenhäusern, Gefängnissen und Pflegeheimen zur Hilfe eilen, erinnern mich an die Sufis die mit der Erlaubnis ihres mystischen Meisters, durch die Kapillaren der Gesellschaft umherwandeln und die Seelen mit ihren Herzenszungen erwärmten und erhellten.

---

[136] Sufiorden mit Einrichtungen wie Tekke, Zawiya oder Dergahe.

3 Die Bedeutung der Seelsorge

Während dir Seelsorge im weiteren Sinne als Begleitung bezeichnet werden kann, dient sie im engeren Sinne zur Ermutigung, Tröstung aber auch Ermahnung.[137] In der westlichen Welt steht die Seelsorge geschichtlich gesehen zwar im Kontext der christlichen Kirche, jedoch praktizieren auch alle anderen Religionsgemeinschaften sie in ihrer Prägung.[138]

In der modernen Zeit wurde die Seelsorge an sich oft als Nebennischenprodukt angesehen und wahrgenommen. In einer säkularen Gesellschaft kam die Bedeutung der spirituellen Bedürfnisse oft zu kurz. Psychotherapeuten oder/und Psychologen und Geistige (Pfarrer, Theologen) schienen diese Bedürfnisse ausreichend zu decken. Letztendlich konnte der nach Spiritualität Bedürftige sich ja beim Theologen seine spirituellen Bedürfnisse erfüllen. Deshalb ist es wichtig zu sehen, wo die Seelsorge einzuordnen ist und was sie genau ist. Denn ein Seelsorger ist weder ein Therapeut noch ein purer Theologe oder Geistiger. Vielmehr hat die Seelsorge Schnittstellen zu beiden Bereichen und verbindet diese in sich.

---

[137] Abdelmalik Hibaoui, Erklärung der Seelsorge aus der Muslimischen Seelsorge Ausbildung Mannheimer Institut e. V., 2015 https://docplayer.org/40602447-Seelsorge-in-islamischer-tradi tion.html. Folie 4.

[138] Vgl. Helmut Weiß: Grundlagen interreligiöser Seelsorge, in: Helmut Weiß/Karl H. Federschmidt/Klaus Temme (Hrsg.): Handbuch interreligiöse Seelsorge, Neukirchen-Vluyn 2010, S. 77, Mustafa Cimsit: Islamische Seelsorge – eine theologische Begriff Begriffsbestimmung (ROI - Reihe für Osnabrücker Islamstudien, Band 12), Uçar/Blasberg-Kuhnke: Islamische Seelsorge,2013, Peter Lang Verlag S. 13.

Seelsorgebereich

Unterlagen aus der Psychatrieseelsorgefortbildung, Referent Prof. Dr. Karim, 08.04.2020

Weder geht es in der Seelsorge um die Therapie oder einer Behandlung. Noch geht es um die Belehrung, Läuterung gar Klärung und Reinigung. Ein Seelsorger kann ohne diese Hintergründe einfach da sein, sich um den Bedürftigen sorgen, zuhören, begleiten und stützen. Der Seelsorger muss weder eine Meinung äußern noch belehrend seine Ansicht offenlegen. Die Neutralität, die ihm   die Seelsorge gibt, ist das beste Mittel, um dem Bedürftigen den Mut zur Öffnung zu geben. Oft ist genau diese Öffnung schon die Lösung der Probleme und gibt Erleichterung und Hilfe.

Die Gewissheit - ohne bewertet oder verurteilt zu werden - ein offenes Ohr zu finden, sich behütet und verstanden zu fühlen gibt vielen die Kraft und Hoffnung, die sie brauchen. Der Seelsorger ist ein Wegbegleiter und eine Stütze, solange er hierfür benötigt wird. Sie sind Licht im Chaos der Zerwürfnisse, wenn die Dunkelheit der Heimsuchungen den Betroffenen quälen.

Der Seelsorger ist sich bei dieser Betreuung aber auch dessen bewusst, dass das Zerwürfnis vielleicht durch ihn nicht behoben werden kann. Sondern seine Aufgabe nur darin besteht, Licht zu machen im Durcheinander, damit der Betroffene seinen Ausweg selber sieht.

Im Rahmen der Gefangenenseelsorgeausbildung wurde uns dies von einem Referenten, der selber christlicher Seelsorger war, durch das visuelle Beispiel eines zerbrochenen Tellers vorgeführt und erklärt. Er positionierte auf einem schwarzen Tuch einen Teller, auf dem sich ein Hammer befand. Er meinte, dass er uns anhand dieses Beispiels die Seelsorgetätigkeit erklären würde. Mit einem Schlag auf den Teller zerbrach er den Teller. Dann zündete er eine Kerze an und brachte das Licht der Kerze über den zerbrochenen Teller, damit wir die verteilten Scherben wieder zuordnen konnten. Ein Mensch durchlebt demnach verschiedene Stadien, wenn er mit einem Schicksalsschlag konfrontiert wird. Die verschiedenen Stadien möchte ich hier auch durch diese Bildbeispiele wiedergeben:

> **Stadium 1:** Ein normaler Zustand der Seele gleicht einem ganzen funktionalen Teller. Alles funktioniert so, wie es vorgesehen ist. *„Die Welt ist Heil und in Ordnung".*

Stadien-I

ganzer Teller

Stadium 2: Das *„normale Leben"* und der normale Seelenzustand wird durch einen Schlag durch den Hammer, der den Schicksals-schlag darstellen soll, einer Katastrophe, einer Krankheit oder Ver-lust gestört und zerbrochen.

Stadien-II

Hammer über dem Teller

Stadium 3: Der Teller ist zerbrochen. Die Teile liegen ungeordnet herum. Das geordnete Leben, der geordnete Seelenzustand sind nicht mehr vorhanden. Der Mensch fühlt sich seelisch kaputt, zerworfen und in der Dunkelheit der Ausweglosigkeit.

Stadien-III

Zerbrochener Teller

Stadium 4: Ein Licht wird durch die Präsenz des Seelsorgers/der Seelsorgerin angezündet. Das Licht der Hoffnung, die Wärme der Zuversicht. Es bedeutet: Du bist mit deinen Sorgen nicht allein. Es gibt immer Licht im Dunkeln. Die Lage ist nicht ausweglos.

Stadien-IV

Ein Licht wird gezündet

Stadium 5: Das angezündete Licht erleuchtet das Durcheinander der Scherben. Die Seelsorge soll den Menschen helfen, ihre Probleme zu erkennen und zu verstehen, in welcher Lage sie sind, ohne hierbei im Dunkeln zu bleiben und dadurch in Panik zu verfallen.

Stadien-V

Durch das Licht wird das Problem durchleuchtet

Stadium 6: Durch das Licht kommt Ordnung in das Durcheinander der Scherben. Mit der Unterstützung des Seelsorgers soll erreicht werden, dass die betroffene Person seine eigene Kraft findet, um mit der neuen Lebenssituation klar zu kommen und diese zu akzeptieren.

Stadien-VI

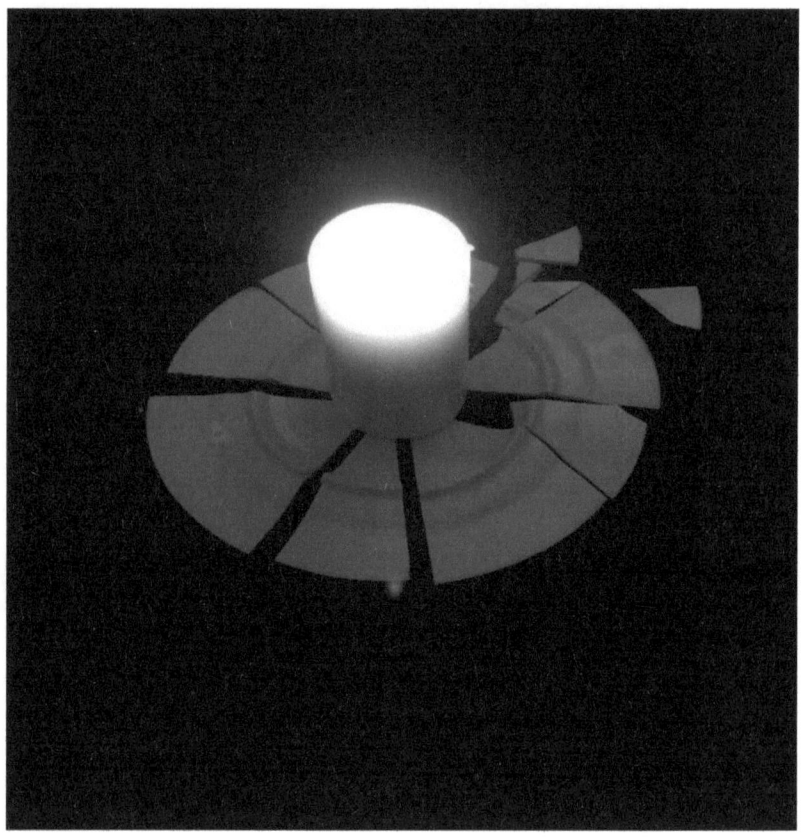

Durch das Licht konnten die Scherben geordnet werden

Der Theologe Luther Henning beschreibt die Seelsorge mit den Worten:

„Seelsorge ist die umfassende Sorge um das Selbst-Sein-Können ei-
nes jeden Menschen im Vollzug alltäglicher Lebenspraxen."[139]

Demnach ist das Ziel der Weg. Einen Menschen wieder dazu zu ermun-
tern seinen eigenen Weg aufzunehmen, nicht stehen zu bleiben. Der moderne Mensch, der sich weitgehend von der Spiritualität abgewendet hat,
braucht in Krisensituationen oft die Stütze durch diese. Hier ist die Seelsorge genau diese Brücke, die benötigt wird.

In der Broschüre der evangelischen Kirche Düsseldorf Seelsorge beschreibt die Pfarrerin Barbara Schwahn die Seelsorge mit folgenden Worten:

„Seelsorge geschieht auf freiwilliger Basis. Sie verfolgt keine eigenen
Interessen. Sie wird immer direkt oder indirekt wie Jesus einst die
Frage stellen: „Was willst du, dass ich dir tun soll (Lukas 18, 41)?"
Grundsätzlich und besonders in diesem Bereich ist es wichtig, dass
kirchliche Seelsorge unabhängig ist. Seelsorgende sind Mitarbei-
tende der Kirche und nicht Angestellte einer Institution. Durch die-
sen Status – die Schweigepflicht und das Beichtgeheimnis – unter-
scheidet sich das Angebot der Seelsorge von dem eines Psychologen,
einer Psychotherapeutin oder von einer Beratung.[140]

Genau diese Ungebundenheit des Seelsorgers ist für Betroffene eine Erleichterung, da sie alles frei erzählen und mitteilen können, ohne zu be-
fürchten, dass dies in irgendeiner Form die Behandlung beeinflusst oder

---

[139] Luther Henning, *Religion und Alltag, Bausteine zu einer praktischen Theologie des Subjekts,* 1992
Stuttgart.
[140] Siehe: http://www.seelsorge.evdus.de/media/Seelsorge-Brosch0216-druck3.pdf (letzter Aufruf: 30.03. 2022).

den Angehörigen mitgeteilt wird. Damit wird ein völlig geschützter Bereich angeboten, in der die Menschen sich von ihren Problemen und Lasten lösen. Seelsorge ist demnach auch nicht unbedingt an einen Glauben des Bedürftigen gebunden. Auch Nichtglaubende können ihren Trost und ein offenes Ohr für ihre Sorgen in der Seelsorge finden.

3.1 Die muslimische Seelsorge

Oft wird behauptet, dass der Islam die Seelsorge nicht kennt oder dass es die "Institution Seelsorge" nicht gibt. Doch wenn man in die islamische Geschichte der Institutionen schaut, entdeckt man, dass schon sehr früh Imame eingesetzt wurden, um bestimmte Gruppen von Bedürftigen zu betreuen. Schon im ersten Jahrhundert zur Zeit der ersten Khalifen fing diese Betreuung an. Mit voranschreitender Zeit gründete man Stiftungen (Vakf), die sich den Bedürfnissen jeglicher Art Annahmen und seelsorgerische Arbeit leisteten.[141] Mit der Gründung von Tekke, Zaviye und Madrasas wurde dann flächendeckend auch durch die Ahi-Filden die Seelsorgearbeit tatkräftig getan.[142] Bei den Osmanen kann man zum Beispiel sowohl Militärseelsorger als auch Imame, die speziell in Kliniken und Gefängnissen für die geistige Genesung und Betreuung der Muslime beauftragt wurden, sehen. Bis ins 19. Jahrhundert, also solange das osmanische Reich bestand, gab es auch speziell für Institutionen beauftragte Imame, deren Aufgabenfeld der heutigen Seelsorge gleichzusetzen sind.[143]

Die Muslime sind der Seelsorge also bestimmt nicht fremd. Nur wurde diese unter anderen Namen geführt. Trotzdem wurde lange diskutiert, ob man dies als Seelsorge bezeichnen kann, da sie eine christlich ge-

---

[141] Abdelmalik Hibaoui, aus der Muslimischen Seelsorge Ausbildung Mannheimer Institut e. V. 2015, https://docplayer.org/40602447-Seelsorge-in-islamischer-tradition.html. Folie 21, (Letzter Aufruf: 08.06.2022).

[142] Nünlist, T. (2020). Schutz und Andacht im Islam: Dokumente in Rollenform aus dem 14.–19. Jh. Brill, S. 109, http://www.jstor.org/stable/10.1163/j.ctv1sr6hrq m.w.N.; Nünlist, Schutz und Andacht im Islam: Dokumente in Rollenform aus dem 14.–19. Jh. http://www.jstor.org/stable/ 10.1163/j.ctv1sr6hrq, 2020 (letzter Aufruf: 05.06.2022)

[143] Ahmet Özdemir, Islamische Gefängnisseelsorge in Deutschland: Entwicklungen und Herausforderungen, 2021 Deutschland, Publikation Verlag, https://doi.org./10.22602/IQ.97837458704_73, S.173-180 (letzter Aufruf: 04.06.2022)

prägte Institution ist. Mittlerweile wird das Ganze unter dem Namen „muslimische oder islamische Seelsorge" weitgehendst akzeptiert.

Talat Kamran erklärt in seinem Buch "Islamische Seelsorge" folgendermaßen:

> „[...] „Islamische Seelsorge" als Terminologie finden wir in der islamischen Literatur nicht, was aber nicht bedeutet, dass es in der Vergangenheit keine islamische Seelsorge gegeben hat. Die wichtigen Bereiche der Seelsorge wurden in der 1400-jährigen islamischen Geschichte zahlreich thematisiert und in der Praxis angewendet. Der Begriff "Seelsorge" wurde aber nicht namentlich benutzt. Der erste Seelsorger der Muslime war sicher der Prophet Muhammad. Seine Familienangehörigen und seine Gefährten sind die weiteren ersten islamischen Seelsorger gewesen. Der Bereich der islamischen Seelsorge war weitgestreckt, er umfasste viele Bereiche des alltäglichen Lebens. Institutionalisiert wurde die Seelsorge ab dem 13. Jahrhundert, sie wurde kulturell wie auch sozial für die islamische Welt sehr bestimmend. Ab jedoch 1925 verzeichnen wir ein drastisches Verschwinden der seelsorgerischen Aktivitäten und Einrichtungen, insbesondere in der Türkei und in Zentralasien. Heute ist Seelsorge im gesellschaftlichen Leben entweder verboten oder zurückgedrängt, und die Methoden der islamischen Seelsorge sind in Vergessenheit geraten. Im akademischen Bereich versucht man, die islamische Seelsorge neu nach europäischen Mustern zu definieren beziehungsweise sie mit der europäischen Seelsorge zu vergleichen. In der Tat ist der Vergleich mit der christlichen Seelsorge sehr schwierig, denn die Grundlagen, Begriffe und Methodologien der islamischen

Seelsorge sind unterschiedlich und gegensätzlich im Vergleich zu der christlichen Seelsorge."[144]

Da die Seelsorge als Inhalt einen sehr neutralen Bereich darstellt, ist die Titulierung als „muslimische Seelsorge" demnach das passendste von allen anderen Namensgebungen für diese Tätigkeit.

Mittlerweile werden auch in den muslimischen Ländern Seelsorger eingesetzt. Unter dem Namen der „spirituellen Betreuung" werden immer mehr Zentren eröffnet oder Beauftragte in den Institutionen wie Krankenhäuser und Gefängnisse eingesetzt. Vor allem die Türkei hat seit 2015 eine umfassende flächendeckende Seelsorge aufgebaut und baut sie auch weiter aus.[145] Nachdem im Jahre 2015 der rechtliche Rahmen festgelegt wurde, fand zwischen dem 07-10. April 2016 ein internationaler Kongress für spirituelle Beratung und Führung statt, in der alle Bereiche der Seelsorge einzeln erfasst wurden. Im Jahre 2018 fand ein zweiter Kongress statt.[146]

In letzter Zeit wachsen das Bedürfnis und die Nachfrage nach Seelsorge auch bei den Muslimen in Deutschland immer mehr.[147] Dieses Bedürfnis hat in vielen Teilen Deutschlands dazu geführt, dass Vereine gegründet wurden, um diesen Dienst aufzunehmen. Es wurden Ausbildungen für Seelsorger-Anwärter zusammengestellt. Im Laufe der Zeit hat sich eine immer mehr ausgearbeitete Ausbildung herausgestellt, die sowohl fundiertes islamisches Wissen wie auch systematische psychologische Ge-

---

[144] Siehe: https://mannheimer-institut.de/portfolio-item/islamische-seelsorge (letzter Aufruf: 31.03.2022)

[145] https://www.setav.org/manevi-danismanlik-hizmeti-ortaya-cikis-ve-sebepler/ (letzter Aufruf: 02.06.2022)

[146] https://mdrk.org/MDR2_Kongre-Program-Akisi_TR.pdf (letzter Aufruf: 02.06.2022)

[147] Mounib Doukali, Entwicklung und Praxis der muslimischen Seelsorge in Hamburg. Angebote, Chancen und Herausforderungen, München, 2019, GRIN Verlag, https://www.grin.com/document/902604 (letzter Aufruf: 02.06.2022)

sprächsführung vermittelt, aber auch ganz praktische Bereiche wie die Krankenhaus- oder Gefängnisorganisation lehrt. Hierzu gibt es in verschiedenen Bundesländern in Deutschland Projekte, die mittlerweile fast flächendeckend arbeiten. „Das Mannheimer Institut", „Die muslimische Seelsorge Baden-Württemberg", „Muse e.V." oder „Salam e.V." sind nur einige Beispiele hierfür.[148]

Wie in allen Gesellschaften, entwickelt sich mit der Säkularisierung und der modernen Lebensart auch bei Muslimen eine Veränderung der Strukturen fort. Die erste Generation der Gast-arbeiter hatte noch sehr engen Kontakt untereinander und war fest miteinander verbunden. Das soziale Netz der Familie, Freunde und Bekannte, das bis dato in problematischen Lebenssituationen die Betroffenen aufgefangen hat, besteht heute oftmals nicht mehr. Vor allem die seit langer Zeit in Deutschland lebenden oder gar hier geborenen Migranten muslimischer Herkunft haben sich der deutschen Lebensweise mehr oder weniger angepasst. Verbreitet gibt es immer mehr berufstätige Frauen, die nicht mehr bei der Pflege der Älteren einspringen können. Kinder, die immer mehr auswärts studieren, leben meistens fern von ihrer Familie. Damit fallen auch in muslimischen Familien immer mehr Personen weg, die früher dieses soziale Netz mitgestaltet hatten. Es fehlt deshalb auch in der muslimischen Gesellschaft immer mehr an Menschen, die zuhören, trösten und füreinander da sind.

Deshalb gewinnt die muslimische Seelsorge immer mehr an Bedeutung. In den nächsten Jahren, so zeigen alle Statistiken, wird diese Nachfrage auch steigen. Bereiche wie die Seniorenseelsorge, Hospizseelsorge oder auch Schulseelsorge sind Bereiche, in der die muslimische Seelsorge

---

[148] Muslimische Seelsorge Baden-Württemberg. Siehe Webseite: https://www.seelsorge-bw.de/ oder Muse e.V. Siehe: https://muse-wiesbaden.de/ oder http://salamev.de/ (letzter Aufruf: 02.06.2022).

demnach noch ein Seelsorgenetz aufbauen muss. Noch wurden nämlich nur Bereiche wie die Klinikseelsorge, Notfallseelsorge, Telefonseelsorge oder Gefangenenseelsorge in Angriff genommen.

Eine gute Zusammenarbeit der muslimischen Seelsorge mit den Moscheegemeinden, muslimischen oder kulturellen Vereinen ist sehr wichtig. Nur so können sie die breite Menge der muslimischen Gesellschaft erreichen. Außerdem gibt es viele Kontaktpunkte, an denen diese Zusammenarbeit benötigt wird, beispielsweise bei einem Todesfall.

Leider kennt die breite Masse der Muslime die muslimische Seelsorge nicht oder nur unzureichend. Deshalb fordern sie diesen Dienst oftmals nicht an, obwohl sie Bedarf haben. Auch falsch verstandenes Schamgefühl oder festsitzende Angewohnheiten der Muslime verhindern die Muslime manchmal daran, den Seelsorgedienst anzufordern. Eine umfassende Aufklärung und Medienpräsenz von der Seelsorgearbeit werden deshalb dringend benötigt.

Auch die enge und gute Zusammenarbeit mit den christlichen Seelsorgern ist besonders wichtig. Sie sind in der Seelsorgearbeit die engsten Partner und haben oftmals genau dieselben Probleme wie die muslimischen Seelsorger auch. Somit kann man in gemeinsamen Treffen diese Probleme bearbeiten und miteinander Lösungswege entwickeln. Außerdem verfügen christliche Seelsorger über eine große Erfahrung, da diese in den Institutionen bereits über ein Jahrhundert tätig sind.

3.2 Die Entstehung der muslimischen Seelsorge in Baden-Württemberg

Wie bereits ausgeführt wurde, ist der Beginn der muslimischen Seelsorge in Deutschland ziemlich neu. Sie steckt noch in den Kinderschuhen, aber hat bereits in der kurzen Zeit viel erreicht. Erstmals wurde sie Anfang der 2000er Jahre durch den besonderen Einsatz unserer sensiblen Muslime in Zusammenarbeit mit der christlichen Gemeinde in Baden-Württemberg auf die Tagesordnung gesetzt. Mit einem Curriculum, das der christlichen Seelsorge sehr ähnelte, ging das „Pilotprojekt islamische Seelsorge" unter der Federführung des Mannheimer Institutes[149] an den Start. Später wurde sie dem zuständigen Ministerium zur Förderung vorgelegt, indem ein Konzept um diese Idee herum erstellt wurde. Das Projekt wurde in kurzer Zeit vom Ministerium für Soziales, Gesundheit und Integration mit notwendigen Genehmigungen und finanzieller Unterstützung ausgestattet und startete seine erste institutionelle und umfassende Aktivität. Zunächst bildete das Institut muslimische Seelsorger für Krankenhäuser aus. Diese wurden an umliegende Gesundheitseinrichtungen und Organisationen vermittelt. Anschließend wurden für muslimische Strafgefangene bzw. Inhaftierte muslimische Justizvollzugsseelsorger ausgebildet und über das Justizministerium Baden-Württemberg an Landesvollzugsanstalten vermittelt.

Im Jahre 2015 schlossen meine Frau und ich unsere diesbezügliche Ausbildung ab. Zusätzlich zur Krankenhausseelsorge erhielt ich dann im Jahre 2017 auch eine Ausbildung in der Gefangenenseelsorge. Kurze Zeit später schloss ich noch die Ausbildung zum Psychiatrieseelsorger ab. Derzeit führe ich im Auftrag des Mannheimer Institutes, dem ich ange-

---

[149] Siehe über die Entstehungsgeschichte und noch mehr dazu: https://mannheimer-institut.de/ (letzter Aufruf: 06.03.2022)

höre, den Dienst als muslimischer Seelsorger in Krankenhäusern, Psychiatrien und Gefängnissen noch aktiv weiter.

Der immer größer werdende Kreis von Seelsorgern wird mittlerweile unter dem Namen „Muslimische Seelsorge Baden-Württemberg"[150] geführt und hat seine eigene Geschäftsführung.

Alle ausgebildeten Seelsorger werden von dem Projektteam der Muslimischen Seelsorge Baden-Württemberg betreut und auch in den Einrichtungen eingesetzt. Momentan wird die Schul- und Jugendseelsorge geplant und vorbereitet. Jedes Jahr werden neue Seelsorger ausgebildet, um alle Einrichtungen flächendeckend versorgen zu können.

Nach einer Grundausbildung mit dazugehörigem Praktikum können die Seelsorger ihr zusätzliches Profil auswählen und zusätzlich noch Ausbildungen in Krankenhauseelsorge, Gefangenenseelsorge, Psychiatrieseelsorge oder Notfallseelsorge abschließen.

Ich möchte auch darauf hinweisen, dass es noch viele Bereiche gibt, die im Land Baden-Württemberg noch nicht von der „Muslimische Seelsorge" betreut werden.

---

[150] Muslimische Seelsorge Baden-Württemberg, Siehe mehr dazu: https://www.seelsorge-bw.de/ (letzter Aufruf: 06.03.2022)

3.3 Die Aufstellung der muslimischen Seelsorge in Baden-Württemberg

Eine genaue Zahl über die momentan tätigen muslimischen Seelsorger in Deutschland zu benennen ist nicht einfach. Der Bedarf der Seelsorge wurde von den Muslimen erkannt und viele Vereine und Moscheegemeinden möchten sich an diesem Dienst beteiligen. Meistens sind diese aber nur in eingegrenzten Regionen, teils nur Städten, vorhanden.

Flächendeckende muslimische Seelsorge haben wir aber, wie schon erwähnt, beispielsweise in Baden-Württemberg durch das Mannheimer Institut für Integration und interreligiösen Dialog mittlerweile umbenannt auf die Muslimische Seelsorge Baden-Württemberg mit eigener Geschäftsführung. Hier unterstützt aber auch das Land Baden-Württemberg tatkräftig die muslimische Seelsorge. Durch diese Unterstützung konnte in Baden-Württemberg erreicht werden, dass mittlerweile über 50 Krankenhäuser und 20 JVAs betreut werden. Außerdem werden noch 8 Krankenhäuser in Rheinland-Pfalz mitbetreut, da es eine Grenzregion ist. Muslimische Seelsorger sind auch in der Notfallseelsorge und Psychiatrieseelsorge tätig. Die Jugend und Schulseelsorge ist momentan auch in der Planung und wird hoffentlich bald an den Start gehen.

Es ist jedoch klar zu vermerken, dass auf langer Sicht eine Ausbildung, die nur eine ehrenamtliche Tätigkeit erlaubt, nicht ausreichend sein wird, vor allem weil die christlichen Seelsorger auch eine akademische Ausbildung haben. Es wird momentan daran gearbeitet, diese - mittlerweile sehr anspruchsvollen Seelsorgeausbildungen - zu zertifizieren. Mit der Zertifizierung kann der Aufwand und die Qualität der Ausbildung hervorgehoben werden.

Muslimische Seelsorge Baden-Württemberg

Krankenhausseelsorge	82 aktiv im Einsatz (110 sind ausgebildet)
Notfallseelsorge	2
Gefängnissseelsorge	10 + (11 in Ausbildung)
Telefonseelsorge	0
Seniorenseelsorge	0
Schutzsuchendenseelsorge	10
Psychatrieseelsorge	5
Gemeindeseelsorge	0
Schul und Jugendseelsorge	0 (in Planung)
Militärseelsorge	0
Onlineseelsorge	0

Aktuelle İnformation vom 27.05.2022

Ein sehr großes Problem stellt die Finanzierung und Vergütung der muslimischen Seelsorger dar. Noch sind alle muslimischen Klinik- und Krankenhausseelsorger ehrenamtliche Mitarbeiter und erhalten nur eine Aufwandsentschädigung, welche gerade mal die Fahrt- und Parkkosten abdecken. Es ist selbstverständlich, dass eine dauerhafte Betreuung nur dann stattfinden kann, wenn diese sehr anspruchsvolle Arbeit auch vergütet wird. Hierzu müssen sich aber Bund, Länder, Einrichtungen und muslimische Verbände einigen, was leider noch nicht in Aussicht steht.

Bei den Gefangenenseelsorgern sieht die Situation etwas anders aus. Da auch die christlichen Seelsorger vom Justizministerium eingesetzt und vergütet werden, können auch die muslimischen Seelsorger in diesem Rahmen vergütet und eingesetzt werden. Das erleichtert natürlich die Gewährleistung eines effizienten, dauerhaften Dienstes.

Ein weiterer wichtiger Punkt muss meines Erachtens hier noch genannt werden. Die Absolventen der Masterlehrgänge an der Universität brauchen ihren Anschluss in den Institutionen, um ihre Arbeit als Seelsorger praktisch ausführen zu können. Eine enge Zusammenarbeit mit der Muslimischen Seelsorge Baden-Württemberg und den Universitäten, um die Absolventen in die Praxis einführen zu können, wäre wünschenswert. Also eine beidseitige Abdeckung des Seelsorgebedarfes in allen Bereichen. Nur so ist eine dauerhafte, qualitativ ausreichende Betreuung möglich.

3.4 Die Praxis und Methodik der muslimischen Seelsorge

Die muslimischen Seelsorger sind heute alle ausgebildet in der psychologischen Gesprächsführung und haben ein fundiertes islamisches Wissen.

Die psychologische Gesprächsführung soll dazu beitragen, dass der Hilfesuchende schneller und besser seine eigenen Probleme erfasst und selber zum Entschluss kommt, um aus der schwierigen Lebenssituation herauszukommen. Für den detaillierten Umfang der muslimischen Seelsorgeausbildung verweise ich hier auf die Webseite der Muslimischen Seelsorge Baden-Württemberg.[151]

Wie bereits festgestellt, richtet sich die Gestaltung der Seelsorge u.a. auch daran, in welchen Lebenssituationen bzw. Einrichtungen diese gebraucht wird. Deshalb möchte ich die einzelnen Bereiche differenziert in der Methodik erfassen.

Gefangenenseelsorge:

Den größten Anteil der Seelsorgearbeit in der Gefangenenseelsorge nehmen die Einzelgespräche in Anspruch. Tiefgründige, lange Gespräche helfen den Gefangenen sich neu zu ordnen. Es gehört hier zu den Aufgaben des Seelsorgers, zunächst das Vertrauen des Gefangenen zu gewinnen, damit dieser sich ihm anvertrauen und öffnen kann. Viele sehen den Seelsorger zuerst als „Imam" oder „Gottesmann", da Seelsorge als Begriff den Muslimen fremd sein kann. Mit der Zeit kann der Seelsorger aber zu einer wichtigen Vertrauensperson werden, die dem Gefangenen hilft, seine Tiefen zu überwinden, seine Resilienz aufzubauen und um neue Perspektiven für sein Leben danach zu finden. In den Einzelgesprächen steht der Fokus hauptsächlich in der Aufarbeitung der Schuldgefühle. Die

---

[151] https://www.seelsorge-bw.de/ (letzter Aufruf 27.05.2022)

Frage nach der Vergebung und ob überhaupt ein Neuanfang möglich und erwünscht ist vor Gott, treten in den Vorschein.

Neben den Einzelgesprächen, die geführt werden, gehört gerade in den JVAs das Gruppengespräch zu einer der wichtigen Bestandteile der Seelsorge. Hier können wichtige Themen wie Werte und Normen leichter vermittelt und durch die Gespräche in den Gruppen vertieft werden. Verhaltensmuster können ausgearbeitet und zusammen bewertet werden, um diese auch zu ändern.

Zusätzlich zu den Gruppengesprächen kommen die Freitagsgottesdienste (Freitagsgebete) oder Festtagsgebete hinzu. In den Hutbas (Freitagspredigt), die bei diesen Gebeten oder Gottesdiensten gesprochen werden, können für die Resozialisierung der Gefangenen wichtige Themen im Lichte der Religion erleuchtet und behandelt werden. Diejenigen Themen, die in den Gesprächen nicht direkt angesprochen werden können, können in der Anonymität der Hutbas vermittelt und unterstrichen werden.

Außerdem erschaffen sowohl die Gruppengespräche als auch die gemeinsamen Gebete oder Gottesdienste ein Gefühl der Zugehörigkeit. Ein Bedürfnis, das somit in eine legale und positive Richtung gelenkt werden kann. Sonst sind viele Gefangene nämlich durch Teilnahme an Banden, Gangs und illegalen Gruppierungen auffällig geworden. Mit der Gemeinschaft im Gebet bietet man praktisch auch ein Format an, das als Alternative auch in der Außenwelt später genutzt werden kann und dient somit auch der Resozialisierung. Das gemeinsame Feiern von Festen gehört natürlich genauso dazu.

Leider fehlen aktuell noch Projekte der Moscheen und Gemeinden, damit die Menschen nach einem Aufenthalt in der JVA resozialisiert werden können. Das wäre für die Zukunft auch ein Bereich, in der die Seelsorger beratend tätig sein sollten.

Was den Gefangenenseelsorgern noch nicht erlaubt wird und dringend mitbeachtet werden sollte, ist die Mitbetreuung der Familien von Gefangenen, die selber auch oft traumatisiert sind von der Situation.

Der Status der muslimischen Seelsorger in den Justizvollzugsanstalten ist momentan leider noch nicht der christlichen Seelsorger gleichgestellt. Sie werden oft immer noch als ehrenamtliche Mitarbeiter angesehen. Leider führen sehr wenige JVAs die Seelsorger als „externe Mitarbeiter". Obwohl eine richtige und effiziente Betreuung nur stattfinden kann, wenn die Seelsorger freien Zugang zu den Gefangenen haben, ist dies mit diesem Status schwer zu erreichen. Aus meiner Erfahrung in der Praxis weiß ich, dass die Betreuungen in den JVAs, die mir den freien Zugang zu den Zellen mit Schlüsselabgabe ermöglichen, viel erfolgreicher stattfinden und dass viel mehr Inhaftierte von diesem Dienst Gebrauch machen. Da viele Muslime sich unter der Seelsorge nichts vorstellen können, nehmen sie nämlich diesen Besuchsdienst sonst nicht wahr. Werden sie aber in ihren Zellen und Stockwerken besucht, freuen und wollen sie wiederholt besucht werden. Die annähernde Gleichstellung mit der christlichen Seelsorge müsste deshalb sobald wie möglich stattfinden, damit die Seelsorge richtig stattfinden kann. Dies war eigentlich auch zum Anfang der Ausbildung der Gefangenenseelsorger in Baden-Württemberg der vorgesehene Status. Natürlich befindet sich die muslimische Gefangenenseelsorge in einem Prozess, der in Entwicklung ist. Auch seitens der christlichen Seelsorger ist eine große Akzeptanz vorhanden und es ist ihrerseits auch erwünscht, dass diese Gleichstellung bald erfolgt. In vielen

christlichen Tagungen setzt man sich mittlerweile mit diesem Thema aus-
führlich auseinander.[152]

Laut einer neuen Studie:

*„[...] könnte die Isolation in der Haft Auswirkungen auf das Gehirn
haben.* Knast macht krank. Viele Häftlinge werden nach der Freiheits-
strafe wieder straffällig. Den Insassen in deutschen Gefängnissen geht es
psychisch so schlecht, dass die Resozialisierung meistens verfehlt wird.
Wenn die Wissenschaftler recht haben, wird das Gehirn der Häftlinge
durch das Gefängnis in einer Weise verändert, dass sie fast keine Chance
mehr haben, nach der Entlassung straffrei zu bleiben. *Der Alltag in einer
JVA müsste also grundlegend verändert werden, damit die Menschen
nach ihrer Zeit im Gefängnis tatsächlich resozialisiert werden können.* "[153]

Abschließend möchte ich hierzu, nach meiner langjährigen Erfahrung unterstreichen, dass in den Justizvollzugsanstalten in denen der JVA-Leiter
die muslimische Seelsorge tatkräftig unterstützt, die Resozialisierung und
Eingliederung der muslimischen Gefangenen viel besser klappt.

Klinik; und Krankenhausseelsorge:

Wie im 3. Kapitel „Die Bedeutung der Seelsorge" als Bildserie dargestellt,
stellen insbesondere Krankheiten oder Schicksalsschläge Situationen dar,
die das gesamte Leben auf den Kopf stellen. Die muslimische Seelsorge
hat große begleitende Aufgaben, gerade wenn der Patient sich über den
Sinn des Geschehenen Gedanken macht und damit Zweifel auch im Glauben auftreten.

---

[152] https://www.gefaengnisseelsorge.de/wp-content/uploads/2022/03/Jahrestagung-2022-Pro-
gramm.pdf (letzter Aufruf 27.05.22)
[153] https://www.3sat.de/wissen/nano/240514-resozialisierung-gefaengnis-nano-100.html (letzter
Aufruf 30.06.24)

Auch wenn Angehörige vorhanden sind, kann der Patient sich manchmal einer dritten neutralen Person besser anvertrauen, ohne hierbei Bedenken zu haben damit seine Liebsten traurig zu machen. Der Seelsorger ist in diesem Zusammenhang genau diese neutrale Person. Die religiöse Rolle, die viele in dem Seelsorger sehen, lässt sie ihre Zweifel und Fragen zum Leben und dem Sinn der Prüfung durch die Krankheit mit dem Seelsorger bearbeiten.

Wobei hier auch gesagt werden muss, dass manche gerade diese religiöse Rolle als Grund nehmen, um die Seelsorgebetreuung nicht zu akzeptieren.

Deshalb ist es umso wichtiger, dass die muslimische Seelsorge der Gesellschaft gut erklärt wird.

Angehörige, die ihre Liebsten wegen einer unheilbaren Krankheit verlieren oder die Angst haben, jemanden zu verlieren, gehören zu den Gesprächspartnern der muslimischen Seelsorger.

Weitere Gesprächspartner sind die Mitarbeiter der Kliniken. Auf der einen Seite wenden sich Ärzte, Pflegekräfte und auch Reinigungskräfte bei auftretenden Konflikten an die muslimischen Seelsorger. Auf der anderen Seite wenden sich diese Personen aber auch dann an die Seelsorger, wenn sie selbst durch die tagtäglichen Berührungspunkte mit dem Leid, dem Tod, dem Verlust und Schmerz Unterstützung und befreiende Gespräche benötigen.

In der muslimischen Klinikseelsorge hat die Frühchenbestattung[154] seinen besonderen Platz. Bis zum Einsatz der muslimischen Seelsorger

---

[154] Sammelbestattung von Föten die leichter als 500 Gramm sind. Es sind Fehlgeburten und werden als „Sternenkinder" von den Kliniken ich bestimmten Abständen, in der Führung durch die Seelsorger, bestattet.

wurde die Zeremonie der Beisetzung der Frühchen ohne islamischen Zusammenhang gemacht. Nun sind die muslimischen Seelsorger auch mitbeteiligt und tragen aus ihrem Religionsverständnis zur Zeremonie bei. Auch wenn die islamische Tradition für Frühchen keine gesonderte Zeremonie vorsieht (da die Embryos alle versterben, bevor sie auf die Welt kommen), so ist es doch besonders für die Eltern dieser Kinder ein wunderbarer Trost und Aufwertung ihres Verlustes. Somit kann der Abschied und das Trauma besser verarbeitet werden. Die gemeinsamen Gebete am Grab der verstorbenen Embryos geben Halt und Kraft. Gespräche über das „wie?" und „warum?" helfen und tragen zur Bewältigung bei.

Eine sehr wichtige weitere Aufgabe der muslimischen Seelsorger ist es auch, auf die gesetzlichen Regelungen wie Patientenverfügung, Betreuungsverfügung und Vorsorgevollmacht hinzuweisen und aufzuklären. Im Klinikalltag führt das fehlende Wissen und die Nichtexistenz dieser Formulare bei ernsten Verläufen zu vielen Problemen, die man mit der Erstellung solcher Vollmachten vermeiden kann.

Durch Vorträge tragen muslimische Seelsorger zum besseren Verständnis der Pflegekräfte bei. Mittlerweile sind vielerorts die muslimischen Seelsorger fester Bestandteil der Pflegekraftausbildung geworden und tragen mit ihrer Brückenfunktion zur besseren Verständigung bei.

Wie auch schon in der Gefangenenseelsorge ist auch in der Klinik- und Krankenhausseelsorge der Umfang und der Status der muslimischen Seelsorgenden nicht ausreichend. Um die Patienten besser betreuen zu können, werden eigentlich Vollzeitkräfte gebraucht. Leider sind die muslimischen Seelsorger alle ehrenamtlich tätig. Sie bewältigen Aufgaben, die viele Stunden und Mühe in Anspruch nehmen, werden aber wegen ihrem Status fast kaum in der Organisation und Abwicklungen beachtet.

Notfallseelsorge:

Mit den Notärzten, Feuerwehr oder der Polizei sind in Todesfällen und schweren Unfällen immer auch Notfallseelsorger dabei. Vor allem wenn die betroffene Familie eine muslimische Familie ist, sind die muslimischen Seelsorger vor Ort eine große Hilfe primär für die Betroffenen, aber auch für die Einsatzkräfte. Sie kennen sich in der Kultur der Verunglückten aus und können somit kulturspezifisch betreuen, stützen und beraten. Das Auffangen in den ersten Momenten trägt dazu bei, dass das Trauma nicht so tief sitzt. Die bloße Anwesenheit und das Auffangen sind den Betroffenen in den meisten Fällen wichtiger als die geführten Gespräche.

Hilfesuchenden Seelsorge:

In einem fremden Land zu sein, ohne die Sprache und die Kultur des Landes zu kennen, ist schwer genug. Hinzu kommt, dass viele Geflüchtete und Hilfesuchende traumatisiert sind. Sie flohen von Krieg, Unterdrückung und Verfolgung. Die muslimische Seelsorge hat hier eine Brückenfunktion um die geflüchteten Menschen in ihrem neuen Leben ankommen zulassen. Das Gefühl, nicht alleine zu sein und auf bekannte Menschen zu stoßen, die ihre Kultur und Religion kennen, vermittelt Vertrauen, welches dringend nötig ist. Nur so können sie ihr neues Leben im neuen Land zuversichtlich aufbauen.

Schul- und Jugendseelsorge:

Jugendliche, die zwischen zwei Kulturen aufwachsen, haben es oft schwer. Vielmals widersprechen sich die beiden Kulturen beträchtlich. Dies ist besonders für muslimische Jugendliche der Fall. Sich nicht verstanden zu fühlen, führt bei diesen Judenglichen dazu, dass sie sich von der Gesellschaft abwenden, ihre schulischen Pflichten vernachlässigen und letztendlich in kriminelle Bereiche eintreten. Eine flächendeckende Schul- und Jugendseelsorge könnte hier vieles verhindern. Mit der

Betreuung durch muslimischen Seelsorger kann den Jugendlichen und Kindern vermittelt werden, wie sie die Differenzen der Kulturen zu ihrem Vorteil nutzen können.

Letztendlich könnte man die Schul- und Jugendseelsorge auch als Präventionsarbeit ansehen, die verhindert, dass Jugendliche Straftaten begehen. Gerade wegen der immer älter werdenden Demographie in Deutschland, wäre es umso wichtiger das volle Potenzial, welches in den jugendlichen Migranten steckt, zum Vorteil für die deutsche Gesellschaft zu nutzen. Mit dem Einsatz der muslimischen Seelsorger könnte man vieles in diesem Bereich erreichen.

Grundsätzlich wurde die Ausbildung zur muslimischen Seelsorge nach den Richtlinien der Seelsorgeausbildungsstandards der Deutschen Gesellschaft für Pastoralpsychologie (DGfP) zusammengestellt.[155] Mittlerweile wird nach jedem Ausbildungsgang, die Ausbildung evaluiert, um Erfahrungen auszutauschen, fehlende Aspekte hinzuzufügen und die Inhalte praxisorientiert anzupassen. Es gilt die speziellen Methoden der islamisch religiösen Kultur in die muslimische Seelsorge miteinzubeziehen, um eine bessere kulturspezifische Seelsorge zu erreichen. Hier ist der Sufismus mit seinen Jahrhunderte alten Riten und Methoden eine riesige Quelle, die bis jetzt noch nicht oder nur unbewusst genutzt wird.

---

[155] https://www.seelsorge-bw.de/kerninhalte-der-ausbildung;http://salamev.de/krankenhaus seelsorge/ (letzter Aufruf: 07.06.2022)

4 Sufismus in der Seelsorge

Die Bedeutungen und Definitionen von Sufismus und Mystik haben gezeigt, dass wichtige Ähnlichkeiten und Parallelen in beiden Bereichen vorhanden sind. Obwohl sie unterschiedliche Kulturen und Traditionen haben, kann man nicht übersehen, dass Sufismus und Mystik um denselben erhabenen Zweck kreisen. Denn sie dienen zum Wohlergehen und zur inneren Ausgeglichenheit des Menschen. Der Wunsch danach, die eigene innere Welt zu erforschen, in diesen geheimnisvollen Korridoren nach der eigenen existentiellen Identität zu suchen und die Spuren transzendenter Wahrheiten zu entdecken, kann dem eigenen Leben Kraft und Sinn verleihen und zu einer Vision werden. Die Errungenschaften des Sufismus und auch der Mystik sollten in der muslimischen Seelsorge bedürftigen Seelen in heilender Absicht - je nach Bedarf - angeboten werden. Hierbei sollte man von den reichen Quellen von Sufismus aber auch von der Mystik Gebrauch machen, denn es sind auch nichtgläubige Menschen unter den Bedürftigen und man kann und sollte daher nicht ausschließlich nur mit islamischen Riten arbeiten.

In meiner aktiven Arbeit als Seelsorger komme ich mit Menschen aus allen Glaubensrichtungen in Berührung und führe Gespräche mit ihnen. Meine Erfahrung hat mir gezeigt, dass die spirituellen Gespräche die hilfesuchenden Menschen dabei unterstützen, ihr inneres Chaos zu beseitigen. Dabei spielt es keine Rolle, ob die Gespräche einen religiösen Inhalt haben.

105

4.1 Integration in die Seelsorgetätigkeit

Im Abschnitt „Methodik des Sufismus" habe ich die Methoden und Techniken erwähnt, die vom klassischen zeitlosen Sufismus zum Zweck der Selbstkultivierung oder Selbstkontrolle verwendet werden. Wie bereits ausgeführt ist eines dieser bekannten Verfahren der „Nafsani Weg"[156] und das andere wird als „spiritueller Weg"[157] definiert. Wir haben heute nicht die Möglichkeit, den „Nafsani Weg" im heutigen Kontext anzuwenden. Denn leider stehen wir heute vor dem Problem, dass uns die Sufimeister als perfekte Begleiter fehlen. Ohne eine enge Führung ist dieser erste Weg verschlossen, aber der zweite Weg steht uns offen. Denn auch bei heutigen Verhältnissen und ohne engmaschige Führung, kann die Spiritualität gestärkt werden, indem das Herz bestärkt und reingehalten wird und damit der Nafs diszipliniert wird. Es ist ein leicht einzusehendes wirksames Rezept aus der Sufi Küche.

Im Rahmen dieses Ansatzes können die Mittel und Instrumente aus der Sufi-Lehre und dessen Errungenschaften – je nach Situation und Voraussetzungen – ergänzend oder alternativ in der muslimischen Seelsorge für überlastete Menschen helfend eingesetzt werden, um mit ihren Problemen umgehen zu können. Spiritualität förderndes Dhikr, Denken, Hingabe, Wachheit oder Achtsamkeit (Achtsamkeit/murāqaba), Muḥāsaba (Gewissenserforschung), Rabita (spirituelle Verbindung) werden im Sufismus als positive, nährende und stärkende Werkzeuge verwendet. Im nächsten Kapitel möchte ich mit konkreten Beispielen aus der Praxis zeigen, wie diese Werkzeuge für die Bedürftigen eingesetzt werden können.

---

[156] Siehe mehr dazu: Paragraph 3.2 Methodik des Sufismus.
[157] Siehe mehr dazu: Paragraph 3.2 Methodik des Sufismus.

4.2 Einsatzmöglichkeiten der sufistischen Werkzeuge

Natürlich bin ich als Nicht-Sufi nicht im Stande alle Werkzeuge der sufistischen Tradition eins zu eins wiederzugeben. Doch sind uns alle Methoden geläufig, die ihren Ursprung aus dem Sufismus nehmen. Eine umfangreiche Zusammenarbeit von Sufimeistern, Ärzten und/oder muslimischen Seelsorgern wäre hierzu eigentlich notwendig, um ein umfangreiches Handbuch für die Praxis vorzubereiten.

Nichtsdestotrotz kann ich die verschiedenen Werkzeuge, die der Sufismus kennt und die ich selber auch immer wieder nutze wie folgt aufzählen:

1. Dhikr: Gottgedenken, Invokation

2. Murakabe: Achtsamkeit

3. Tafakkur: Kontemplation

4. Muhasaba: Gewissenserforschung, religiöse Introspektion

5. Müschahada: Geistesschau

6. Ibadah: Gottesdienst

7. Selbstfindung

8. Mugahadatun nafs: Selbstdisziplinierung

9. Sufimusik und Koranrezitationen

10. Sufigeschichten, Hadithe, Erzählungen aus dem Koran

Hierzu ist es wichtig festzustellen, dass jeder Bereich der Seelsorge seine eigenen Strukturen hat. Somit sind auch die Werkzeuge, die man je nach Situation benutzt, unterschiedlich. Die Rahmenbedingungen im Krankenhaus sind natürlich im Vergleich zu denen aus dem Gefängnis ganz andere. Aber doch gibt es Gemeinsamkeiten, da es sich bei den Betroffenen um Menschen in Notsituationen handelt. Ich möchte deshalb die Bereiche, in denen ich aktuell tätig bin, getrennt betrachten und sufistische Methoden, ein Fallbeispiel mit einer passenden Sufigeschichte oder Hadithe hierzu aufzählen:

Krankenhausseelsorge:

Egal ob der Patient kurativ oder palliativ behandelt wird, ist es für den Patienten vor allem wichtig, dass er seine Situation akzeptiert. Erst dann kann man zusammen mit dem Patienten nach erleichternden Auswegen suchen. Hierzu tragen besonders Propheten- und Sufigeschichten, aber auch Erzählungen aus dem Koran wie auch Hadithe bei. Zu jeder Problematik und ausweglos scheinenden Situation gibt es zahlreiche Erzählungen, die Patienten aus ihrer Zerrissenheit herausholen können.

Auch das Gefühl, sich ausgehändigt zu fühlen, nichts machen zu können und blind den Ärzten vertrauen zu müssen, setzt viele in Panik. Verschiedene Rezitationen und auch Dhikr helfen den Kranken in solchen Situationen sehr, da sie selber damit auch etwas zu ihrer Genesung beitragen können.

Mit den Rezitationen und Dhikr kommt auch das Gottvertrauen ins Spiel. Viele fühlen sich dadurch in Sicherheit und können sich sozusagen in Gottes Hand fallen lassen. Die Sorgen und die Panik sowie Zukunftsängste können hiermit bearbeitet werden.

Spaziergänge oder Übungen in Tafakkur (Kontemplation) und Murakaba (Wachsamkeit) tragen dazu bei, sich auf das Wesentliche zu konzentrieren und führen dem Erkrankten nochmal vor Augen, wie viel Gutes trotz der Krankheit in seinem Leben vorhanden ist. Den Patienten herauszuholen aus dem Teufelskreis der negativen Gedanken, damit nicht immer fortwährend an die Krankheit gedacht wird, ist meistens nur so möglich.

Mit Übungen aus der Murakaba (Achtsamkeit) und der Muhasaba (Gewissenserforschung) können auch Zweifel und Theodizee[158]- Probleme angegangen werden. Diese Übungen können natürlich nur bei Patienten angewendet werden, die längere Aufenthalte in den Kliniken und Krankenhäusern haben.

Aber auch bei kurzen Aufenthalten kann man mit kleinen Übungen behilflich sein. Das Handanlegen (Rukya) zum Beispiel oder aber auch bestimmte Asma (Namen Gottes), Dhikr oder auch Bittgebete aus der islamischen Tradition, die zusammen aufgesprochen werden oder dem Patienten wie ein Rezept verabreicht werden können, helfen und tragen sehr zur Genesung bei. Die materiell eingestellte moderne Zeit unterschätzt die Kraft des Gebetes und der wiederholenden Gottesgedenken viel zu sehr.

Das gezielte Einsetzen von Fastenperioden, was im Sufitum seinen festen Platz hat, kann auch bei bestimmten Krankheiten, natürlich mit der Zustimmung der medizinischen Indikation, verwendet werden.

Bei den Frühchenbestattungen wie auch bei den mit dem Tod endenden Patientengeschichten, sind nicht nur die Gespräche mit dem Erkrankten, sondern besonders die Angehörigen zu bedenken. Das gemeinsame Gedenken, die Zeremonie der Beerdigung mit Rezitationen und Geschichten, die die Zuversicht auf das Wiedersehen stärken und auch zeigen,

---

[158] Martin Walter, Definition des Theodizee-Problems und Lösung bei Albrecht von Haller, 2005, München, Grin Verlag: „Die Theodizee ist ein theologisches Problem, das der Frage nachgeht, wie die Allmacht und Allwissenheit Gottes mit der Existenz des Bösen und des Leids in der Welt vereinbar ist."

dass es dem Verstorbenen ganz bestimmt gut geht, erleichtern die Trauerarbeit und verhindern oft ein Trauma.

Hierzu Fallbeispiel 1: Krankenhausseelsorge Frühchenbestattung oder Todesfall

Sachverhalt:

„Eltern haben bei der Geburt ihr Kind verloren. Oder ein Kind ist nach einer Krankheit im Krankenhaus verstorben und sie werden zu Eltern zur Betreuung gerufen."

Fallbezogenes Hadith[159]:

*Ein Mann ging mit seiner Frau und seiner Tochter in die Wüste. Außerhalb von Medina hatten sie ihr Feld, wodurch sie ihren Unterhalt verdienten. Das ältere Ehepaar hatte sehr spät geheiratet und sie hatten nur diese eine Tochter. Die spielend hüpfende Tochter fiel Unterwegs hin und kam mit ihrem Kopf auf einen Stein auf. Sie verletzte sich so sehr, dass sie noch an der Unfallstelle verstarb. Lange warteten sie darauf das ihre Tochter wieder die Augen öffnet, da sie den Verlust ihrer Tochter nicht wahrhaben können, Doch auch wenn es ihnen schwerfiel begruben die Eltern ihre Tochter an Ort und Stelle und kehrten zurück nach Medina. Die trauernden Eltern kamen weinend und aufgelöst zum Propheten und beklagte den Verlust ihrer Tochter und bitten um seine Hilfe damit die Tochter wieder auferweckt wird. Der Prophet bat sie, ihn an das Grab zu bringen. Zusammen mit seinen Gefährten und den Eltern begab der Prophet sich an das Grab. Dort angekommen rief der Prophet mit lauter Stimme: „**Selamun aleyküm Tochter von dem und dem... Hast du den Wunsch, zu deinem Vater und zu deiner Mutter zurückzukehren?**" Das Mädchen antwortet daraufhin: „**Nein ich habe es hier besser gefunden als dort!**"[160]*

---

[159] Hadith bedeutet: Aussage des Propheten Muhammed über bestimmtes Thema.
[160] Shifa´usch-Sharif Seite 320.

Hätte sie es gewollt, hätte der Prophet sie als Wunder zurückgeholt. Als die Eltern dies hörten fanden sie Trost und ihr wehklagen wich der Zuversicht auf ein baldiges Wiedersehen im Jenseits.

Ich möchte unterstreichen, dass diese Methoden unabhängig von dem Glaubenszustand der Patienten eingesetzt werden können. Hierzu dienen vor allem die Sufigeschichten. Sie haben eine neutrale, universelle Sprache und berühren jeden, der sie hört.

Fallbeispiel 2: Krankenhausseelsorge

Sachverhalt:

„Ein jugendlicher Patient beklagt sich darüber, weshalb er krank sein muss. Warum es gerade ihn trifft. Er fühlt sich weggedrängt vom Leben, da er immer wieder längere Aufenthalte im Krankenhaus hat. Doch vielleicht schütz ihn die Krankheit gerade vor schlimmen Taten wie Glücksspiele, Drogen, Gefängnis usw."

Gier bringt immer Verlust im größeren Maße. Manchmal muss man sich mit dem was da ist zufriedengeben. Ein Glücksspiel süchtigem Patienten könnte man diese Geschichte als Beispiel geben.

Fallbezogene Sufigeschichte 2:

Eines Tages kam ein Mann zu Moses und bat ihn darum für ihn zu beten damit er die Sprache der Tiere versteht. Somit wollte er ein besserer Mensch werden. Moses riet ihm davon ab und sagte: „Nimm keine Last auf dich die du nicht tragen kannst. Es ist besser, wenn du so bleibst." Doch der Mann wiederholte immer wieder den Wunsch. „Wenigstens die Sprache meines Hahns und Hundes sollte ich verstehen können!" bettelte er Moses an. Er wiederholte es so lange bis Moses für ihn bei Allah darum bat. Glücklich kehrte der Mann zurück in sein Haus. Am nächsten Morgen hörte er wie sein Hund mit dem Hahn schimpfte: „Wieso nimmst du das Brot das

111

herunterfällt. Du kannst Mais und Körner essen. Ich habe nur das Brot um satt zu werden. Warum isst du mein Brot weg?" Der Hahn antwortete: „Du hast recht. Aber warte nur ab. Morgen wird der Esel unseres Herrn sterben. Dann wirst du so viel essen können wie du willst. Als der Mann das hörte nahm er sofort seinen Esel ging zum Markt und verkaufte es. Am nächsten Morgen lauschte er wieder seinem Hahn und dem Hund zu. Der Hund beklagte sich beim Huhn: „Ich dachte der Esel wird sterben und ich bekomme was zu essen."

Der Hahn meinte: „Ja gestorben ist er, aber nicht hier bei uns. Unser Herr hat ihn verkauft und er starb dort. Aber sei geduldig. Denn heute wird das Pferd sterben und dann wirst du zufrieden und satt sein." Wie am Vortag rannte der Mann wieder zum Stall und verkaufte sein Pferd auf dem Markt. Wie gut, dass er die Sprache seiner Tiere nun verstand. Somit hatte er sich viel Verlust gespart. Wie die Tage zuvor stand er nun früh am Morgen auf um den beiden Tieren zu lauschen. „Du Lügner!" schimpfte der Hund, „Wieder bin ich hungrig. Das Pferd sollte doch sterben." Der Hahn widersprach: "Ich habe bestimmt nicht gelogen. Das Pferd ist heute Nacht verstorben, aber unser Herr hat das Pferd wieder verkauft. Doch heute wird der Sklave sterben. Für sein Wohlgefallen bei Gott werden dann bestimmt Essen gekocht und verteilt. Dann kannst du dir den Magen vollschlagen." Erfreut das erfahren zu haben lief der Mann zu seinem Sklaven und verkaufte auch ihn. Am nächsten Morgen lauschte er wieder. Der Hund war außer sich vor Wut: „Keiner deiner Worte ist eingetroffen. Ich verhungere seit Tagen!" Der Hahn Antwortete bedauernd: „Ich lüge nicht. Der Sklave ist gestern leider gestorben. Unser Herr hat auch ihn verkauft. Hätte er das bloß nicht gemacht. Hätte er den Esel nicht verkauft wäre es gar nicht dazu gekommen, dass das Pferd und danach auch der Sklave gestorben sind. Den durch den Tod des Esels wäre das Unheil von ihm gewichen. Leider muss er jetzt selber sterben. Dann wird alles von ihm übrig sein und wir werden alle satt werden." Der Mann verstand was ihm Moses mit seiner Warnung sagen wollte doch leider war es zu spät. Seine Dummheit bezahlte er mit seinem Leben.[161]

Gefangenenseelsorge:

In der Sufitradition sagt man, dass das Gefängnis - wenn es gut genutzt wird - die Madrasa vom Propheten Yusuf ist. Ein Ort, an dem man sich klärt, reinigt, läutert und bessert. Oft werden Menschen im Strudel der Ereignisse mitgerissen und bemerken nicht, in welchen Fehlern und falschen Gefilden sie sich befinden bis sie im Gefängnis landen. Für viele ist das dann der Schlag ins Gesicht und der Punkt, an dem die Einsicht endlich kommt.

Viele hinterfragen dann ihr ganzes Leben und ihre Taten. Muhasaba also, dass in Gericht gehen mit sich selber, die Gewissensforschung also, findet seinen Platz. Schritt für Schritt geht der Gefangene in den Gesprächen oft sein ganzes Leben durch und durchleuchtet zuerst meistens die Fehler der anderen. Aber sehr schnell geht es dann um die eigenen Fehler, die das Gefängnis als Konsequenz haben. Tiefe Enttäuschung und Gewissensbisse müssen nun mit Kontemplation und Achtsamkeit (Murakaba/Tefekkür) abgebremst und aufgefangen werden. Mit Dhikr und Ibadah (Gottesdiensten wie Beten, Fasten, Rezitationen) kann man dann neue Hoffnung schöpfen und neu beginnen. Die Zuversicht, dass Gott allen verzeiht, baut die Gefangenen wieder auf. Sie verirren sich nicht in der Dunkelheit der Hoffnungslosigkeit, die sie wieder in die Arme der Kriminalität führt.

---

[161] Hicabi Kirlangic, Mevlâna Celâleddin Rumîs,(1207-1273)Geschichten aus dem Mesnewi, Verlag des Bildungsministeriums, Ankara, 2017, S.59.

Fallbeispiel 3: Gefangenenseelsorge

Sachverhalt:

„Ein Gefangener, denkt, hervorgerufen durch die Straftaten die er verrichtet hat, dass er ein Sünder ist und es keine Hoffnung für seine Vergebung gibt. Seine Hoffnungslosigkeit verleitet ihn zunehmend zur wiederholten Gewalt. Der Seelsorger kann mit dieser Geschichte zur Hoffnung beitragen."

Fallbezogene Sufigeschichte 3:

Es ist niemals zu spät, solange man lebt

Überliefert wird, dass ein alter Mann zu Schaqiq al-Balkhi kam und sagte:
„Ich habe viel gesündigt und will Busse tun."
„Du kommst zu spät", erwiderte Schaqiq. Der Greis wehrte sich: „Ich komme früh."
„Wieso?" fragte Schaqiq und erhielt die Antwort: „Wer vor dem Tod gekommen ist, ist immer früh gekommen!"[162]

Fallbeispiel 4: Gefangenenseelsorge

Sachverhalt:

„Die Dauer der Haftstrafe macht dem Gefangenen immer mehr zu schaffen. Alles scheint sich gegen ihn zu verbünden. Auch außerhalb bricht vieles zusammen. Seine Familie wendet sich ab, die Kinder kommen nicht mehr ihn besuchen. Im Gespräch wird Vergänglichkeit von allem genutzt um klar zu machen, dass auch dieser Zustand nicht ewig ist."

---

[162] Giesela Wendt, Frühislamische Mystiker aus Fariduddin Attars Überlieferungen uns Äusserungen- Tadhkirat al-Auliya', Amsterdam, Castrum Peregrini Presse, 1984, S.53.

Fallbezogene Sufigeschichte 4:

Ein König befragte einmal die Weisen an seinem Hof und sagte zu ihnen: *„Ich lasse mir einen wunderschönen Ring machen. Ich habe die besten Diamanten, die man bekommen kann. Ich möchte in dem Ring eine verborgene Botschaft haben, die mir in Zeiten völliger Verzweiflung helfen kann. Sie muss sehr kurz sein, damit sie unter dem Diamanten des Rings verborgen werden kann."* All die Weisen, all die großen Gelehrten hätten lange Abhandlungen darüberschreiben können. Aber ihm eine Botschaft zu geben, die nur zwei oder drei Worte enthielt und ihm in Zeiten größter Verzweiflung helfen würde... Sie dachten nach, sie schauten in ihre Bücher, aber sie konnten nichts finden.

Der König hatte einen alten Diener, der ihm fast wie ein Vater war. Er war schon der Diener seines Vaters gewesen. Die Mutter des Königs war früh gestorben, und dieser Diener hatte sich um ihn gekümmert. Deshalb wurde er nicht wie ein Diener behandelt, und der König hatte großen Respekt vor ihm. Der alte Mann sagte: *„Ich bin kein Weiser, bin nicht gebildet und nicht gelehrt, aber ich kenne die Botschaft. Es gibt nämlich nur eine Botschaft. Diese Männer können sie dir nicht geben. Nur ein Mystiker, jemand, der sich selbst erkannt hat, kann sie dir geben. Während meines langen Lebens im Palast bin ich allen möglichen Menschen begegnet, darunter einmal einem Mystiker. Er war bei deinem Vater zu Gast, und ich wurde ihm als Diener zugeteilt. Als er abreiste, gab er mir als Geste des Danks für meine Dienste diese Botschaft..."* Und er schrieb sie auf einen kleinen Zettel, faltete ihn zusammen und sagte zum König: *„Lies sie nicht jetzt. Halte sie in deinem Ring verborgen und öffne sie erst, wenn alles gescheitert ist, wenn es keinen Ausweg mehr gibt."* Diese Zeit sollte bald kommen.

Das Land wurde überfallen, und der König verlor sein Reich. Er musste auf seinem Pferd fliehen um sein Leben zu retten, und die feindlichen Reiter verfolgten ihn. Er war allein; sie waren in der Überzahl. Er kam an einen Ort, wo er anhalten musste, weil der Weg zu Ende war – er stand an einer Klippe über einem tiefen Abgrund. Dort hinunter zu fallen, wäre das Ende gewesen. Er konnte nicht zurück, weil dort die Feinde waren, und er hörte bereits die Hufe ihrer Pferde. Er konnte nicht vorwärts gehen, und es gab keinen anderen Weg. Plötzlich erinnerte er sich an den Ring. Er öffnete ihn, nahm den Zettel heraus, und darauf stand eine kurze Botschaft von sehr wertvoller Bedeutung. Sie hieß: „Auch dies wird vorübergehen." Während er den Satz las, wurde er ganz still. „AUCH DIES WIRD VORÜBERGEHEN." Und es ging vorüber. Alles geht vorbei. Nichts ist beständig in dieser Welt. Die Feinde, die ihn verfolgt hatten, hatten sich wohl im Wald verlaufen, hatten wohl einen falschen Weg eingeschlagen. Nach einer Weile konnte er die Laute ihrer Hufe nicht mehr hören. Der König verspürte große Dankbarkeit gegenüber seinem Diener und jenem unbekannten Mystiker. Diese Worte hatten wie ein Wunder gewirkt. Er faltete den Zettel wieder zusammen, steckte ihn zurück in den Ring. Er sammelte seine Truppen wieder um sich und eroberte sein Reich zurück. Und der Tag, an dem er siegreich wieder in seine Hauptstadt einzog, wurde in der ganzen Stadt großartig gefeiert, mit Musik und Tanz. Er war sehr stolz auf sich selbst. Der alte Mann ging neben seinem Wagen her. Er sagte: „Auch jetzt ist es wieder der richtige Moment. Schau die Botschaft noch einmal an."

„Was meinst du damit?" sagte der König. „Jetzt bin ich siegreich. Das Volk feiert mich. Ich bin nicht verzweifelt; ich bin in keiner ausweglosen Situation."

„Hör mir zu," sagte der alte Mann. „Das hat mir der Heilige damals gesagt: Diese Botschaft ist nicht nur für Zeiten der Verzweiflung; sie ist auch für Zeiten der Freude. Sie gilt nicht nur, wenn du Verlierer bist. Sie gilt auch, wenn du Sieger bist; nicht nur wenn du der Letzte bist, sondern auch wenn du der Erste bist." Der König öffnete seinen Ring und las die Botschaft: „AUCH DIES WIRD VORÜBERGEHEN." Und plötzlich überkam ihn derselbe Frieden, dieselbe Stille – mitten in der Menge, die jubilierte, feierte und tanzte. Sein Stolz, sein Ego waren verflogen. Alles geht vorüber. Er bat seinen alten Diener, in seinen Wagen zu kommen und neben ihm zu sitzen. Er fragte ihn: „Gibt es noch etwas? Alles geht vorüber... Deine Botschaft hat mir ungemein geholfen." Der alte Mann sagte: „Das Dritte, was mir der

*Weise damals sagte, war: Vergiss nicht, dass **alles vorübergeht**. Nur du bleibst, du bleibst ewig als Zeuge.*"[163]

Sehr hilfreich ist außerdem der Weg der Selbstfindung, welcher einen sehr großen Teil des Sufiweges ausmacht. Nur wenn der Mensch sich selbst kennt, seine Schwächen und Stärken deutet, kann er seine Ziele benennen und seinen Weg gehen. Dieses Werkzeug ist eines der wichtigsten aus dem Sufiwissen. Denn egal, ob ein Mensch gläubig ist oder nicht, einem Glauben angehört oder völlig ohne Glauben leben möchte, kann man trotzdem diese Methoden anwenden. Denn fern von allen Glaubensfragen beschäftigt den Menschen am meisten die Frage, weshalb man lebt und was man aus seinem Leben machen möchte. Ohne die Selbstfindung ist hier keine Antwort möglich. Außerdem tragen sie dazu bei, dass die Inhaftierten sich für ihre Zukunft Ziele setzen und darauf zu arbeiten. Mu´gahadatun nafs also die Selbstdisziplinierung finden einen großen Platz.

Eine andere Hilfe sind auch Dhikr und Ibadah (Gottesdienst) für die Inhaftierten, da es ihnen eine Tagesstruktur gibt. Es gibt ihnen eine Beschäftigung, die sie gleichzeitig auch spirituell befriedigt. Die Zeit im Gefängnis kann somit aufgewertet werden und gilt nicht als verloren. Auch wenn gemeinsam gebetet oder Dhikr gemacht wird, ist es immer sehr berührend und beruhigend für die Teilnehmenden. Wenn wir zusammen Dhikr (Tasbihat) nach dem Pflichtgebet machen, bekomme ich von den Gefangenen stets die Rückmeldung, dass sie sich danach besser gefühlt haben. Vor diesem Hintergrund eignet sich diese Methode für Gruppengespräche sehr gut. Sufigesang oder spirituelle Lieder, Koranrezitationen und gemeinsam im Chor verrichtetes Dhikr führen alle zu einer spirituell-

---

[163] Siehe dazu https://www.klinikum-nuernberg.de/DE/ueber_uns/Fachabteilungen_KN/kliniken/psychosomatik/leistungen/docs-pics/Corona_Entspannungs_Podcast/Folge_5_Der-Ring.pdf (Letzter Aufruf 26.05.2022).

en Erleichterung. Manchen Gefangenen hilft es, sich einen Wochenplan zu erstellen und diesen zusammen auszuarbeiten. Je nachdem, ob der Gefangene religiös ist oder nicht oder bestimmte Probleme wie Abhängigkeit bestehen, kann man die Aufgaben des Alltages ändern. Das Führen einer Liste hilft den Inhaftierten auch nach der Gefangenschaft, um selber einen geregelten Tagesablauf planen zu können. Viele haben niemals gelernt strukturiert zu leben, Termine einzuhalten oder auf ein Ziel hinzuarbeiten. All dies kann somit antrainiert werden.

Wochenplan für die Selbstdisziplin (1)

	Montag	Dienstag	Mittwoch	Donnerstag	Freitag	Samstag	Sonntag	Bemerkung
Koran lesen								
Dhikr								
Tägliches Gebet								
Freiwillige Gebete								
Buch lesen								
Eine Sunna								
Fasten								
Nicht Fluchen								
Nicht Schwören								

Wochenplan für die Selbstdisziplin (2)

	Montag	Dienstag	Mittwoch	Donnerstag	Freitag	Samstag	Sonntag	Bemerkung
Eine gute Tat								
Buch lesen								
Meditieren								
Schlechte An-gewohnheit vermeiden								
Vor dem schlafen nachdenken über den Tag/Fehler								
Gutes Verhalten								

Psychiatrieseelsorge:

Die Seelsorge in der Psychiatrie hat eine ganz andere Bedeutung. Viele Patienten stehen unter dem Einfluss von Medikamenten und oft sind Gespräche nicht möglich oder nur im begrenzten Rahmen machbar. Ob das Gesagte genau ankommt, kann man auch nicht immer mit Sicherheit wissen. Hier gewinnt die Rezitation, der Gesang und auch Dhikr eine sehr große Bedeutung. Das gemeinsame Aufsagen von Bittgebeten, jemand der da ist, um einfach ohne therapieren zu wollen, sich Zeit nimmt, kann den Patienten aus seinem selbstgemauerten Verlies herausholen. Kleine Geschichten aus der Sufitradition, die leicht verständlich sind helfen hier natürlich auch.

Viele Sufiorden haben in den Psychiatrie-Anstalten der Vergangenheit bereits im 10. Jahrhundert auch das Wasser und die Düfte genutzt. Auch die Musik wurde sehr intensiv bei Behandlungen eingesetzt. Mann hatte für jede Psychische Erkrankung verschiedene Musikarten und auch Zeiten an denen man diese angewendet hat. Er-Razi, Farabi und Ibn-Sina sind Vorreiter die in ihren Behandlungen, bei psychisch erkrankten Patienten, die Musik intensiv genutzt haben. Hierzu haben sie ganz genaue Einsatzzeiten und Dosierungen ausgearbeitet.[164]

Die Beschäftigung mit etwas ist sehr wichtig und tut gut. So kann man mit Dhikr und täglichen Aufgaben sehr gut arbeiten. Diese Rezitationen und Dhikr berühren den Patienten, ohne dass es unbedingt verstanden werden muss.

Durch die Sufigesänge (Kasida) habe ich auch sehr gute Erfahrungen bei Patienten mit Medikamentenbeeinträchtigung gemacht. Die Selbstfind-

---

[164] Yrd. Doç.Dr. Pınar Somakci, Behandlung mit Musik bei den Türken https://dergipark.org.tr/tr/download /article-file/219262 , 2003, S. 134 – 135 (letzter Aufruf: 25.04.2022) und Yavuz Demirtas und Ramazan Kamiloglu, Die Funktion der https://dergipark.org.tr/tr/download/article-file/682598, 2017, S. 199-214 (letzter Aufruf: 13.06.2022).

ung spielt besonders dann eine sehr große Rolle, wenn die Dosierung der Medikamente reduziert wurde oder wenn Patienten in der Psychiatrie Gesprächstherapien erhalten. Fehlende Liebe drängt die Menschen oft in Wahnvorstellungen und Psychosen. Die Liebe Allahs, die keine Grenzen kennt, ist das heilsamste Mittel, das ich bei diesen verletzten Seelen gesehen habe.

In der forensischen Abteilung der Psychiatrie sieht es wiederum ganz anders aus, da hier Straftäter behandelt werden, die u.a. wegen Drogen-, Sexual- oder Gewaltdelikten inhaftiert wurden. Durch diese Therapien sollen jene von den Abhängigkeiten befreit werden. Die Stärkung der Seele durch Ibadah (Gottesdienst), Dhikr, Muhasaba und Tafakkur kann eine große Unterstützung zur Therapie sein. Es bringt dem Patienten bei, dass es andere zusätzliche Wege gibt, um die Probleme zu lösen und dass es in seiner Hand liegt, ob er dies selbstständig schafft.

Die Selbstfindung, die zunächst eine Selbstreinigung voraussetzt, befreit den Betroffenen von seinen Fesseln, die ihn in diese prekäre Lage versetzt haben. Mit Schemas zeige ich den Patienten, wie die Triebe uns beeinflussen und wie sie vom Extremen zum Normalen (Mittelweg- Legalen Bereich-Sirat el Mustaquim) übergehen können.

Das Verständnis und die Akzeptanz der Therapie wachsen dadurch und dies wiederum trägt zum Fortschritt der Therapie bei.

Die Aussagen von Bediuzzaman Said Nursi[165] passt genau zu dieser Selbstfindung und Selbsreinigung. In den Chemas unten ist seine Erklärung visualisiert.

---

[165] Bediüzzaman Said Nursi, 1878- 1960 geboren in Bitlis wurde er der „gelehrte des Jahrhunderts" Bediüzzaman genannt. Als er 1960 verstarb, hinterließ er das Risale–i Nur Werk, das aus 138 Büchern besteht und einen Tafsir des Korans ist. Vgl. https://www.timeturk.com/bediuz-zaman - said-nursi/biyografi-790978 (letzter Aufruf: 22.04. 2022)

Abbildung (1)[166] Die spirituelle Anatomie des Menschen

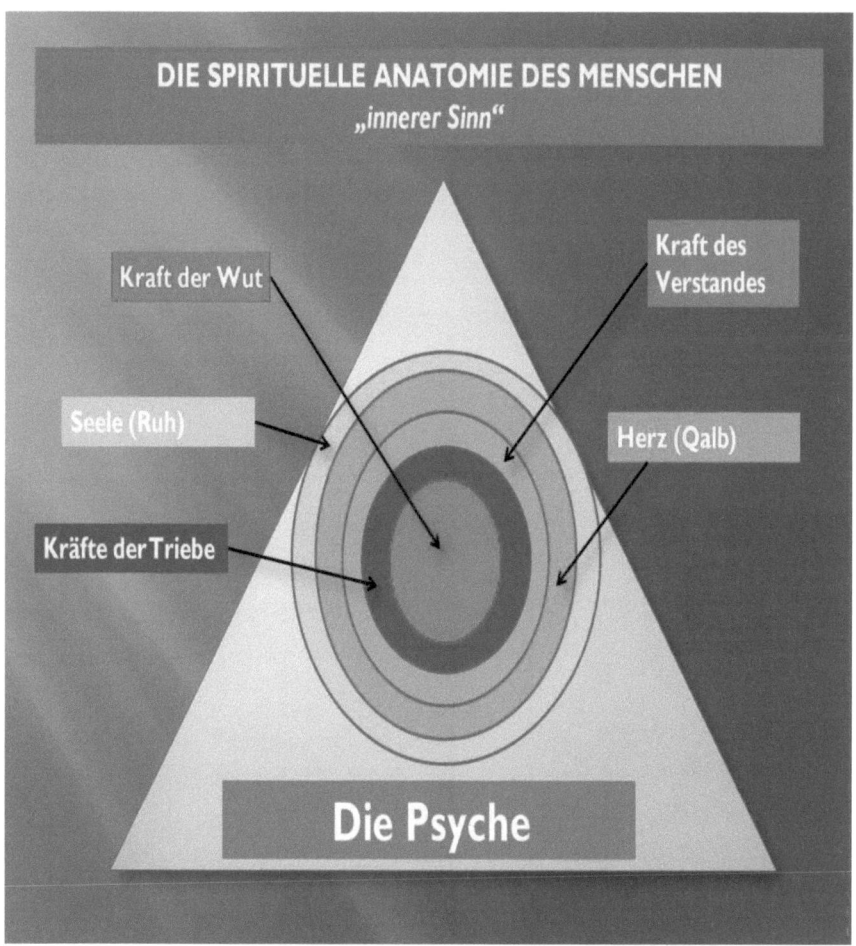

---

[166] Bediüzzaman Said Nursi, Risale-i Nur Külliyatı (Risale-i Nur Werke), İşârâtül-İcâz, *Fatiha Tefsiri*, 1995 Germany, S. 20-34.

Abbildung (2)[167] Motorik des menschlichen Geistes

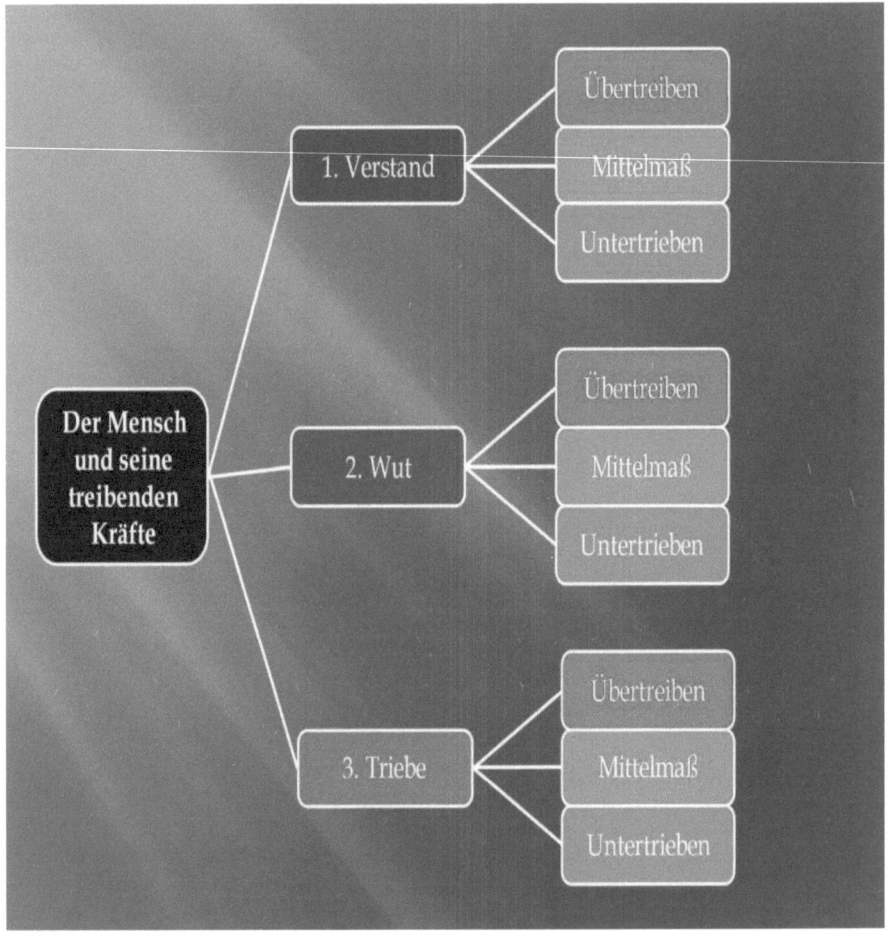

---

[167] Bediüzzaman Said Nursi, Risale-i Nur Külliyatı (Risale-i Nur Werke), İşârâtül-İcâz, *Fatiha Tefsiri*, 1995 Germany, S. 20-34.

Abbildung (3)[168] 1. VERSTAND

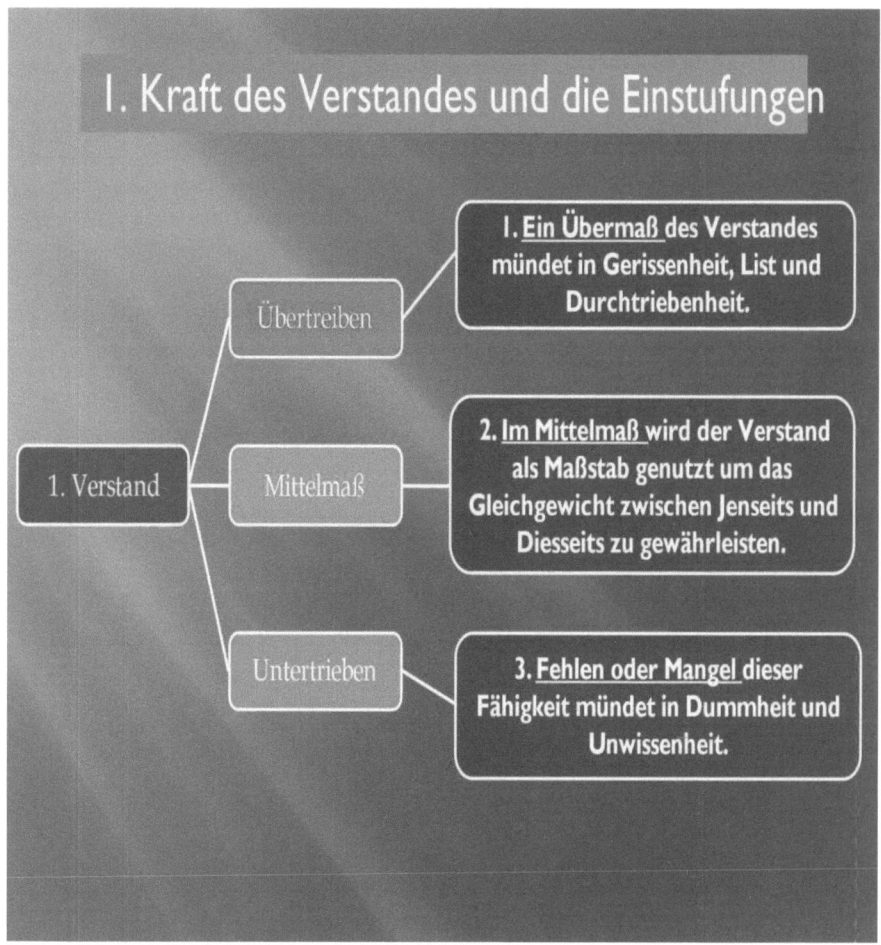

---

[168] Bediüzzaman Said Nursi, Risale-i Nur Külliyatı (Risale-i Nur Werke), İşârâtül-İcâz, *Fatiha Tefsiri*, 1995 Germany, S. 20-34.

Abbildung (4)[169] 2. WUT

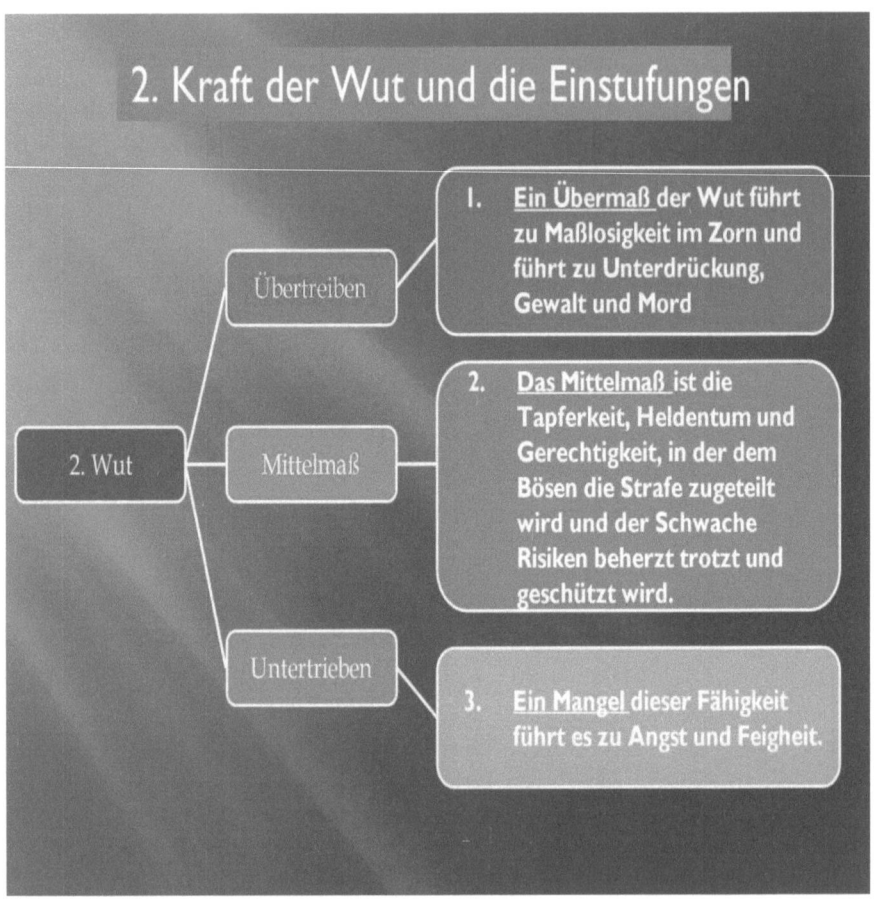

---

[169] Bediüzzaman Said Nursi, Risale-i Nur Külliyatı (Risale-i Nur Werke), İşârâtül-İcâz, *Fatiha Tefsiri*, 1995 Germany, S. 20-34.

Abbildung (5)[170] 3. TRIEBE

---

[170] Bediüzzaman Said Nursi, Risale-i Nur Külliyatı (Risale-i Nur Werke), İşârâtül-İcâz, *Fatiha Tefsiri*, 1995 Germany, S. 20-34.

Fallbeispiel 5: Psychatrieseelsorge

Sachverhalt:

„In allen Situationen die Zeit benötigen und der Kranke diese Geduld aufweisen muss, könnte man diese Geschichte benutzen. Bei Langwierigen Chemotherapien, bei langanhaltenden Physiotherapien die Zeit und Kraft kosten. Und die auch viel Geduld benötigen. Wichtig ist das man das Ziel erreicht auch wenn es schwer ist Geduld zu zeigen."

Fallbezogene Sufigeschichte 5:

Yusuf Ibn Al-Husain machte sich begierig nach dem Großen Namen Allahs (Ism-i Adham) nach Ägypten auf. Als er zu Dhu´n- Nuns Moschee kam, grüßte er und nahm Platz. Dhu´n-Nun erwiderte den Gruß und Yusuf ließ sich für ein ganzes Jahr in einer Ecke der Moschee nieder, ohne den Mut zu finden, Dhu´n-Nun etwas zu fragen. Nach einem Jahr äußerte Dhu´n-Nun:

„Woher kommt dieser junge Mann?" Yusuf erwiderte: „Aus Rai." Ein weiteres Jahr sagte Dhu´n-Nun nichts und Yusuf blieb in der Ecke der Moschee. Danach äußerte Dhu´n-Nun: „Weswegen ist der junge Mann gekommen?"

„Um euch zu besuchen", erwiderte Yusuf und ein weiteres Jahr verging. Dann fragte Dhu´n-Nun: „Fehlt dir irgendetwas?"

Yusuf erwiderte: „Ich bin zu dir gekommen, damit du mich über den Größten Namen Allahs unterrichtest." Dhu´n-Nun schwieg danach noch ein ganzes Jahr. Dann übergab er Yusuf eine zugedeckte Holzschüssel und forderte ihn auf: „Überquere den Nil! An dem und dem Ort befindet sich ein Sufimeister. Gib ihm diese Schüssel und behalte alles im Gedächtnis, was er zu dir sagt!" Yusuf nahm die Schüssel und brach auf. Als er ein Stück des Weges gegangen war, erwachte seine Neugier, was sich in der Schüssel wohl bewegte. Er lüftete den Deckel. Eine Maus sprang heraus und verschwand. Yusuf war verwirrt. Er fragte sich: „Wohin geh ich jetzt, zu dem

Sufimeister oder zu Dhu´n-Nun?" Schließlich ging er – mit der leeren Schüssel – zu dem Sufimeister, zu dem er geschickt wurde. Dieser lächelte, als er ihn sah und fragte: „Hast du den großen Gottesnamen von Dhu´n-Nun gefordert?"

„Ja" sagte Yusuf und der Meister fuhr fort: „Dhu´n-Nun sah deine Ungeduld. Er gab dir eine Maus – Gott sei gepriesen! – Du kannst nicht einmal eine Maus bewahren. Wie könntest du den größten Namen als Geheimnis hüten?" Yusuf schämte sich und kehrte zu Dhu´n-Nuns Moschee zurück. Dieser berichtete: „Gestern Nacht habe ich sieben Mal Gott um die Erlaubnis gebeten, dich seinen großen Namen lehren zu dürfen. Er erteilte sie nicht, noch sei die Zeit nicht gekommen. Allah der Erhabene befahl mir: Prüfe ihn mit einer Maus! Als ich dich prüfte, ereignete sich dies. Geh nun nach Hause, bis die Zeit kommt!"[171]

---

[171] https://kainatingunesi.com/zunnun-i-misri/(letzer Aufruf:11.06.2022) Übersetzt vom Verfasser

4.3 Problematik

Es gibt bei dieser Thematik zwei Seiten der Problematik. Die eine Seite betrifft die Seelsorger und die andere die betreuten Personen.

Das Problem bei den Seelsorgern ist, dass viele in dem Bereich der sufistischen Methoden zu wenig wissen. Bei den Ausbildungen müsste hierzu speziell eine Vertiefung in dieses Thema stattfinden. Zwar ist die Seelsorgearbeit an sich sehr spirituell, doch der Einsatz der benannten Methoden kann durch die Ausbildung angeeignet werden. Im Rahmen der Zusatzausbildung „Spirituell Care" beim Mannheimer Institut, bei der auch ich als Dozent mitgewirkt habe, bestätigten alle Seelsorger, dass genau diese Tiefe der sufistischen Denkweise und Methode ihnen in der Seelsorgearbeit fehlt. Eine genaue Ausarbeitung der Methoden, um sie praktisch einsetzen zu können ist deshalb meines Erachtens unumgänglich für die Zukunft.

Das Problem auf der Seite der betreuten Personen ist, dass manche auf die Idee kommen könnten, sich von bestimmten Therapien oder Behandlungen zurück zu ziehen. Dieses Phänomen kennen wir aus der islamischen Welt. Manche Patienten möchten nur spirituell behandelt werden und verweigern dann die Zusammenarbeit für die Schulmedizin.

Deshalb ist es wichtig, dass diese Methoden immer nur als begleitende, unterstützende Hilfsmittel vermittelt werden. Der Seelsorger muss darauf hinweisen, dass der islamische Glaube die Behandlung durch Ärzte immer in den Mittelpunkt gesetzt hat und dass diese spirituellen Hilfsmittel nur zusätzlich dazu kommen.

Ein anderes Problem ist, dass gerade in einer säkularen Welt die Methoden einer rein religiös geltenden Methodik auf Reaktionen stoßen kann. Deshalb ist es wichtig, gerade die Methoden, die für alle angewendet

werden können, hervorzuheben. Dazu gehören vor allem die Selbster-
kenntnis aber auch die Meditation oder Atemübungen, die in der sufistischen Lehre einen wichtigen Teil ausmachen.

Auch bei den gläubigen und praktizierenden Muslimen hat der Sufismus
oftmals ein negatives Erscheinungsbild. Denn der Missbrauch in den sufistischen Orden haben den größten Teil der Gläubigen davon abge-
schreckt. Es muss deshalb eine sehr neutrale Form gewählt werden, die
völlig ohne Bindung an bestimmte Orden und Gruppierungen angewendet wird. Eine Synthese der Methoden aller verschiedenen Orden, die gestärkt sind durch Verse aus dem Koran und den Hadithen des Propheten,
muss deshalb erarbeitet und formuliert werden. Nur so kann die wunderbare Quelle, die man mit einem Ozean vergleichen kann, den nach Spiritualität durstenden Menschen, zugänglich gemacht werden.

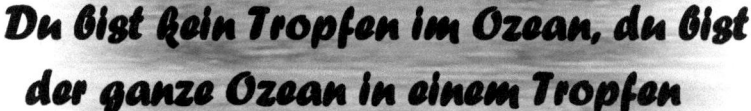

**Du bist kein Tropfen im Ozean, du bist
der ganze Ozean in einem Tropfen**

Mevlana Dschelaleddin Rumi

Schlussbemerkung

Wie ich bereits am Anfang dieser Arbeit mit dem Zitat von Al-Hujwiri[172] vermerkt habe, dass der Sufismus nicht richtig bewertet und bekannt ist, so ist auch die Seelsorge besonders aber die muslimische Seelsorge ein Bereich der nicht genug genutzt, verstanden und ausgeschöpft wird.

Die Rahmenbedingungen wie auch die Funktionalität der muslimischen Seelsorge lässt zu wünschen übrig und ist unzureichend. Tiefgründige, vertrauliche Gespräche sind ein Urbedürfnis des Menschen. Vor allem wenn man sich bedrückt, krank, nicht verstanden oder traurig fühlt. Die professionelle, unabhängige Plattform der Seelsorge ist deshalb von großer Bedeutung.

Die Ebene und Plattform der Seelsorge, die von Herzlichkeit lebt, gibt den stressgeplagten Menschen Ausgeglichenheit und Balance. Die muslimische Seelsorge kann mit den sufistischen und mystischen Vorgehensweisen gestützt und die Wirkung auf die Bedürftigen gestärkt werden.

Da die Seelsorge sich auch direkt mit dem Herzen beschäftigt, ist es wichtig, dass die Seelsorger sich mit dem „spirituellen Herz" auskennen. Ich denke, dass das sensible und enthüllungsreiche Wissen um das Herz, welches der Sufismus mit seiner traditionsreichen Erfahrung bietet, in der Seelsorgearbeit den Bedürftigen von Nutzen sein kann.

Zusammenfassend möchte ich nun in meiner Schlussbemerkung unterstreichend bemerken, dass die sufistischen Bestandteile, in der Ausbildung zum Seelsorger und auch in den Masterlehrgängen, als ein separater Bereich des „Spirituell Care" integriert werden sollten. Hierbei sollten die Schnittstellen der Mystik und des Sufismus gut und erkennbar ausgearbeitet und bewertet werden. Dies könnte die praktische Integrität der

---

[172] Ebd.,[1] Siehe dazu in der Einleitung dieser Arbeit: Zitat von Al-Hujwiri.

Seelsorgearbeit sehr aufwerten. Sufismus wie auch Mystik wären damit sich beidseitig unterstützende Elemente, die damit den Bedürftigen zugutekommen könnten. Ich möchte hervorheben, dass die universelle Botschaft des Islam vereint mit den spirituellen Werkzeugen des Sufismus aber auch der Mystik einer von allen spirituellen Werten entfernten Gesellschaft sehr helfen werden.

So wie in Klöstern das Angebot besteht, sich eine Auszeit zu nehmen, um sich sammeln und Kraft schöpfen zu können, braucht auch die muslimische Gesellschaft ähnliche Rückzugsorte wie einst die bewährten Tekke und Zawiyas. In Zusammenarbeit mit Rehazentren könnten somit Orte entstehen, an denen nicht nur physische, sondern auch seelische Regenerierung ermöglich wird. Seelsorger, die sich in diesem Bereich auskennen, könnten dieses Angebot decken und führen. Auch wenn es noch eine Vorstellung für die Zukunft ist, empfinde ich es als eine bemerkenswerte Lücke in unserer heutigen Zeit. Auf diese Art und Weise könnten die Seelsorger die modernen Sufis unserer Zeit werden.

Bediüzzaman Said Nursi hat mit den Worten, dass „die Zeit nicht geeignet für den (institutionelle) Sufismus ist[173] und dass die Bücher und Werke der großen Meister genug Führungskraft"[174] haben gezeigt, dass auch ohne die Sufimeister eine Führung auf sufistischem Weg möglich ist. Auch wenn heutzutage keine dauerhafte Betreuung durch einen Sufimeister möglich ist, so haben die Bedürftigen die Seelsorge als Anlaufstelle und können durch eigene praktische Übungen ihre geistige Verwirklichung erlangen. Das Wissen und die Erfahrungen Jahrhunderte alter Weisheiten warten darauf, dem heutigen Intellekt zu begegnen.

---

[173] Bedizzaman Said Nursi, *Emirdağ Lâhikası,* Germany 1994, S. 28.
[174] Bedizzaman Said Nursi, *Emirdağ Lâhikası,* Germany 1994, S. 166.

Der wichtige und zu sehr unterschätzter Dienst der Seelsorge ist leider, wie bereits vermerkt, nicht ausreichend bekannt. Der Dienst der Seelsorge, wie auch die muslimischen Seelsorger, die bis heute ein Netz aufgebaut haben, sollten in jeder Hinsicht mehr ins Licht gerückt werden. Die Erfahrung der Seelsorger sollte in schriftlichen wie auch bildlichen Medien mehr an Gewicht erhalten. Ohne diese Menschen, die mit guten Intentionen die Ausbildung gemacht, viel Freizeit und Materielles geopfert haben, trotz nichtvorhandener Zukunftsperspektive, wäre die muslimische Seelsorge nicht an den Punkt gelangt, an dem sie heute angekommen ist. Ich hoffe, dass die Entwicklung noch schneller voranschreitet und alle in Baden-Württemberg und sogar in Deutschland lebenden Hilfesuchenden ihre verdiente Hilfe erhalten.

Für Ihre große Bemühung beim Aufbau der Muslimischen Seelsorge möchte ich mich beim Gründer des Mannheimer Institutes Baden Württemberg Herr Talat Kamran und dem Projektleiter Herrn Alfred Miess herzlichst bedanken. Sie haben uns durch ihre Vision die Wege geebnet und uns den Zugang zu den Institutionen ermöglicht. Sie haben uns an etwas teilnehmen lassen, was für viele Außenstehende als nichtrealisierbares Unterfangen betrachtet wurde. Auch dem jetzigen Projektteam, das uns jederzeit tatkräftig unterstützt, gilt mein Dank und meine Hochachtung.

Auch bei den Zuständigen an der Universität Tübingen, die den Masterlehrgang „Praktische islamische Theologie für Seelsorge und Soziale Arbeit" ermöglicht haben, möchte ich mich hiermit bedanken. Alle Ministerien wie auch Krankenhäuser, Justizvollzugsanstalten und Psychatrien, die uns ihre Türen geöffnet haben und damit ermöglicht haben, dass wir den bedürftigen Menschen zur Hilfe eilen konnten, möchte ich erwähnt haben und mich vielmals bedanken.

******